leykam: *seit 1585*

Luna Al-Mousli

Klatschen reicht nicht!

Systemheld*innen im Porträt

ILLUSTRIERT VON CLARA BERLINSKI

leykam: *Sachbuch*

Für Oma und Opa, die ihre Kinder so erzogen haben, dass sie der neuen Gesellschaft, in der sie leben, etwas zurückgeben: als Dankeschön oder als Beweis, wie wichtig ihre Rolle in der neuen Heimat einmal sein wird. Unverzichtbar werden ihre Kinder sein, und so auch sie. Verwurzelt in der Gesellschaft und systemrelevant.

Für meine Tante, die in jedem*r ihrer Schüler*innen Potenzial und Talent sieht, aber vor allem Verständnis für deren unsichtbare Herausforderungen hat.

Für meine Tante, die für ihre Patient*innen oft auf sich selbst vergisst und sich von Schicksalsschlägen nicht entmutigen lässt.

Für meine Mama, die für ihre Klient*innen das Ankommen zu vereinfachen versucht und ihnen einen Weg zeigt, wo andere keinen sehen.

Für meinen Onkel, der für seine Patient*innen immer sein Bestes gibt.

Für meine Schwester, die jedem Kind mit offenem Herzen begegnet und es durch die ersten Bildungsschritte begleitet.

VORWORT
Solmaz Khorsand – Journalistin & Autorin

Das Koordinatensystem einer Gesellschaft ist ein starres. Es braucht weltbewegende Ereignisse, um es durchzuschütteln. Eine Pandemie kann da schon das erste Beben verursachen, uns zwingen, einmal genauer hinzusehen, wer in diesem System oben und wer unten steht. Und vor allem weswegen. Ob dieses Oben tatsächlich da oben zu verorten sein müsste, oder doch eher woanders. Denn das Unten ist es definitiv. Das ist ganz plötzlich Elite. Ja, es hat schon eine Pandemie gebraucht, um diese neue Elite auszumachen. Um zu begreifen, auf wen es tatsächlich ankommt, wenn es eng wird. Wer springen muss, wenn alle anderen fallen dürfen. Wer ausrückt, während der Rest zu Hause bleibt. Es sind nicht jene unter uns, die Woche um Woche ihre Perspektive in den Kommentarspalten, Fernsehdiskussionen und Podcasts mit der Welt teilen dürfen. Bequem, sicher, lauschig aus den eigenen vier Wänden. Um gutes Geld, viel mehr, als jene bekommen, denen wir vom Balkon aus gnädig zuklatschen, dafür dass sie unsere Verwandten beatmen, für uns Waren in Regale einschlichten, unsere Pakete zustellen und unsere Kinder betreuen.

„Die Kluft zwischen Gleichheit vor dem Gesetz und Ungleichheit in der Wirklichkeit füllte bislang das unschuldige Wort Leistung", hat die deutsche Wochenzeitung *Die Zeit* einmal geschrieben, „dass es ein gerechtes Unten und Oben gibt, wurde mit ‚Leistungsunterschieden' begründet."

Gerne werfen Politiker mit diesem „unschuldigen Wort" um sich, um dieses gerechte Unten und dieses gerechte Oben einzuzementieren. Es fällt immer dann, wenn es darum geht, alles beim Alten zu lassen, die Last einer Gesellschaft auf den Einzelnen abzuwälzen und jene zu beschämen, die es nicht schaffen, sich am Ende der Nahrungskette anzusiedeln. Wenn sie sich doch nur ein bisschen mehr anstrengen würden, ein bisschen mehr Ehrgeiz, ein bisschen mehr Kampfgeist zeigen würden. So wie die wenigen, die es aus eigener Kraft nach oben geschafft haben. Nur deren Leistung hat sie dahin gebracht, wo sie heute stehen. Nicht die Familie, die Verhältnisse oder das Erbe waren dafür verantwortlich, nein, nur die eigene Leistung. Nicht wahr?

Eisern wird an dieser meritokratischen Selfmade-Illusion festgehalten. Dabei gibt es den Wohlstand, der aus eigener Kraft erarbeitet wurde, nicht mehr, wie die Autorin und Journalistin Julia Friedrichs in ihrem Buch „Working Class" belegt. Wer heute reich ist, ist Profiteur seiner Verhältnisse. Nichts da mit Leistung. Wer es geschafft hat, hat es nicht alleine geschafft. Andere haben vor ihm und vor ihr geschafft. Alles andere ist Irrglaube. Das sieht selbst eine neue Generation von jungen Erbinnen ein. Sie wollen nicht länger in der goldenen Hängematte liegen, sie wollen wirklich „leisten", so wie Marlene Engelhorn. Die junge Frau gab im Fernsehen bekannt, dass sie ihr Millionenerbe, das sie von ihrer Großmutter bekommen wird, zu 90 Prozent verschenken werde. „Radikal teilen“ will sie, sich nicht auf ihrem „schieren Geburtenglück“ ausruhen. In einem Statement sagt sie: „Wir brauchen eine Umverteilung von Reichtum, Land und Macht, und wir brauchen einen transparenten und demokratischen Prozess – für mich bedeutet das: Vermögenssteuern.“

Vielleicht ist man dann einem gerechteren Oben eine Spur näher. Und schafft gar ein ganz neues Koordinatensystem, das weniger von „unschuldigen“ Wörtern verzerrt wird.

Hala, 44
Muttersprachen- und Hilfslehrerin in einer Neuen Mittelschule

Die Corona-Ampel steht auf Rot, Wien befindet sich im Lockdown. Ich stehe vor dem Schloss Schönbrunn beim Haupteingang. Es ist Anfang Februar 2021, und der eisige Wind erinnert mich daran, dass noch Winter ist. Doch die Sonne im Gesicht tut gut, und so macht mir das Warten auf Hala nichts aus. Sie kommt einige Minuten zu spät zu unserem Treffpunkt, da sie ihrer Tochter bei den Schulaufgaben helfen musste. Die Schulen sind derzeit geschlossen, doch sie sollen – im Schichtdienst – bald wieder geöffnet werden.

Hala ist alleinerziehende Mutter von zwei Töchtern. Die ältere ist 17 und die jüngere 12 Jahre alt. Hala hat in Wien Arabistik, Orientalistik und Anglistik studiert, zog nach Dubai und arbeitete dort viele Jahre an einer internationalen Schule. Nun ist sie in Wien und unterrichtet als Muttersprachen- und Hilfslehrerin an einer Mittelschule. Sie ist Hilfslehrerin, weil sie keinen Lehramtsabschluss hat. „Meine Unterrichtserfahrungen der letzten Jahre zählen in Österreich nicht, obwohl gerade in der Schule Erfahrung mehr zählen sollte als Abschlüsse." Schnell fügt sie hinzu, wie froh sie ist, dass zumindest die Schuldirektorin hinter ihr steht und sich für sie einsetzt. Sie sprach bereits mit dem Stadtschulrat, doch am Ende konnte sie nichts erreichen.

Wir verlangsamen unser Gehtempo und gehen der Sonne entgegen. Ich muss meine Augen schließen, so sehr blendet es, doch Hala scheint darauf vorbereitet zu sein und holt ihre Sonnenbrille aus der Jackentasche. Halb sportlich, halb chic sieht sie nun aus: mit einer Jogginghose, Turnschuhen und der goldenen Sonnenbrille.

Die Mittelschule im 18. Bezirk, in der sie unterrichtet, hat 95 Prozent Schüler*innen mit nichtdeutscher Muttersprache. Neben Hala gibt es jeweils eine Person für Bosnisch/Kroatisch/Serbisch, Türkisch und Romanes, die während des Unterrichts unterstützt und Aufgaben erklärt. Hala ist für die arabischsprachigen Schüler*innen zuständig. Am Anfang der Pandemie war alles sehr chaotisch: besorgte Eltern, gestresste Lehrer*innen und verwirrte Schüler*innen. „Das war eher wie ein Versuchslabor“, sagt Hala mit einem müden Lächeln und presst ihre Lippen zusammen. „Es gab keine Plattformen für E-Learning, wir haben Zettel ausgeteilt und schickten Aufgaben per Mail oder Whatsapp.“

„Für unsere Schüler*innen ist die Schule eine Art Befreiung von allen Nebenverantwortungen, die sie sonst für ihre Familien übernehmen müssen.“

In dieser Zeit wurden die Muttersprachenlehrer*innen zu Schlüsselfiguren. Sie hielten den Kontakt zu den Eltern und Schüler*innen. Hala rief eine Familie nach der anderen an, erkundigte sich nach dem Befinden und versorgte sie mit Informationen über die neuesten Regierungsbeschlüsse, Covid-19 und wie der Unterricht funktionieren wird. Schwierig war, dass ständig neue Beschlüsse kamen und alle sich immer wieder neu orientieren mussten. „Bei manchen Kindern ist der Kontakt komplett abgebrochen. Es gab keine Reaktion auf E-Mails, Whatsapp-Nachrichten oder sonstwas.“ Durch die Telefonate merkte sie, dass es für manche Schüler*innen sehr herausfordernd war, zu Hause zu lernen, und immer schwieriger wurde, je länger die Situation andauerte. „Für unsere Schüler*innen ist die Schule eine Art Befreiung von allen Nebenverantwortungen, die sie sonst für ihre Familien übernehmen müssen: behördliche Anrufe, Übersetzen, E-Mails für die Eltern verfassen, mit den jüngeren Geschwistern lernen, das kostet alles Zeit und Nerven. Viele haben zu Hause nicht einmal einen Tisch, um ihre Hausübungen zu machen."

An der Schule wurde ein Betreuungsdienst angeboten. Sieben Lehrer*innen meldeten sich dafür, darunter auch Hala. Zwei- bis viermal pro Woche fuhren sie zur Schule. Schüler*innen, deren Eltern zur Arbeit gehen mussten, konnten so in die Schule kommen, es durfte aber kein normaler Unterricht für sie abgehalten werden, um die anderen nicht zu benachteiligen. Währenddessen wurde alles auf E-Learning umgestellt, die Schüler*innen in der Schule mussten sich in den Unterricht einwählen, doch es gab zu wenige Laptops, und das Internet in der Schule war zu langsam.

Für Eltern wurde eine Art App entwickelt, die das Mitteilungshelft ersetzen sollte, doch da kam es vor, dass die Kinder für ihre Eltern unterschrieben. Hala konnte die Schwierigkeiten ihrer Schüler*innen gut verstehen, sie selbst musste mit ihren zwei Töchtern einen Laptop teilen. „Ich hielt den Unterricht manchmal auf dem kleinen Bildschirm meines Smartphones", sagt sie. Sie konnte nie alle ihre Schüler*innen auf einmal sehen. Weder den Schüler*innen noch dem Lehrpersonal wurde das nötige Equipment zur Verfügung gestellt. Vielen Lehrer*innen fehlte außerdem das Know-how, um die Inhalte interaktiv zu gestalten und so die Aufmerksamkeit der Schüler*innen zu bekommen.

Nach den Sommerferien durften alle wieder normal in den Unterricht. Für Hala war es irritierend, schön, aber auch besorgniserregend, denn sie machte sich Sorgen um ihre älteren Kolleg*innen, die schutzlos in vollen Klassen standen und Unterricht hielten. Für manche hätte eine Corona-Erkrankung das Ende bedeuten können. Zu dieser Zeit wurden weder Lehrer*innen noch Schüler*innen getestet, Maskenpflicht herrschte nur auf den Gängen, vieles war noch nicht genau geregelt.

Ich frage Hala, ob es für die Lehrer*innen, die diesem Risiko ausgesetzt waren, eine Art Prämie gab, und ob in der Politik nachhaltige Maßnahmen für eine bessere Ausstattung der Schulen und sicheren Unterricht besprochen wurden. Leider nein, sagt Hala. Auch wenn die Probleme an den Schulen jetzt durch die Pandemie so sichtbar wurden wie noch nie, seien noch keine Verbesserungen in Aussicht gestellt worden.

Wir setzen uns auf eine Bank. Hala wird vom Anruf ihrer Tochter unterbrochen, die nach ihrem Mathebuch sucht. Nachdem Hala präzise Anweisungen gegeben hat, entschuldigt sie sich und sagt nachdenklich: „Ich liebe es, Lehrerin zu sein. Ich versuche, meinen Schüler*innen viele Perspektiven aufzuzeigen. Ich sage ihnen: Ihr könnt eure Stärken einsetzen, ihr könnt euch immer weiterentwickeln, ihr könnt leiten, führen und inspirieren. Ihr könnt die Gesellschaft positiv mitgestalten."

Sie starrt auf den Boden und zeichnet mit ihrem Turnschuh einen Kreis in die Erde. Leider stehen Halas Schüler*innen nicht alle Türen offen, weil sie nicht ausreichend Unterstützung bekommen. Als Lehrerin fühlt sich Hala im Stich gelassen. „Es sind zu viele Schüler*innen, um auf die Bedürfnisse von jedem und jeder Einzelnen einzugehen und sie so zu fördern, wie es notwendig wäre. Viele haben Probleme, die sie vom Lernen ablenken: Traumata, keine stabilen Wohnbedingungen, Existenzängste, und dann dieser gesellschaftliche Druck, der besonders auf Kindern liegt, die solche Schulen besuchen."

„Es sind zu viele Schüler*innen, um auf die Bedürfnisse von jedem und jeder Einzelnen einzugehen."

Wir stehen auf und bewegen uns Richtung Ausgang. Hala dreht sich zu mir und teilt mir eine ihrer weiteren Sorgen mit.

Sie erzählt, was sie zu Hause an ihren Töchtern beobachtet. „Ich merke, wie meine eigenen Kinder abstumpfen, wie wenig Verständnis sie anderen gegenüber haben. Ein halbes Jahr Isolation und kaum Interaktion mit anderen Menschen hat viel verändert."

Ihre Kinder sehnen sich nach Normalität, wollen ihre Freund*innen treffen, sie zu Hause besuchen und ausgehen, sie halten keinen Abstand mehr, werden unvorsichtig. „Wenn sie zu viel meckern, muss ich sie daran erinnern, wie privilegiert sie sind, weil sie jung und gesund sind. Sie sollen an ihre Oma denken."

Doch irgendwie kann ich Halas Kinder gut verstehen.

„Es liegt noch ein weiter Weg vor uns, um den Berufsgruppen, die unsere Gesellschaft tragen, jene Wertschätzung zukommen zu lassen, die sie verdienen. Es braucht mehr Gehalt, kürzere Arbeitszeiten, mehr Personal und echte Entlastung.“

Barbara Teiber, Vorsitzende der Gewerkschaft GPA

Nicht alle Eltern trifft die Corona-Krise gleich hart

Geringverdienende haben kaum Ersparnisse – bräuchten sie aber am dringendsten

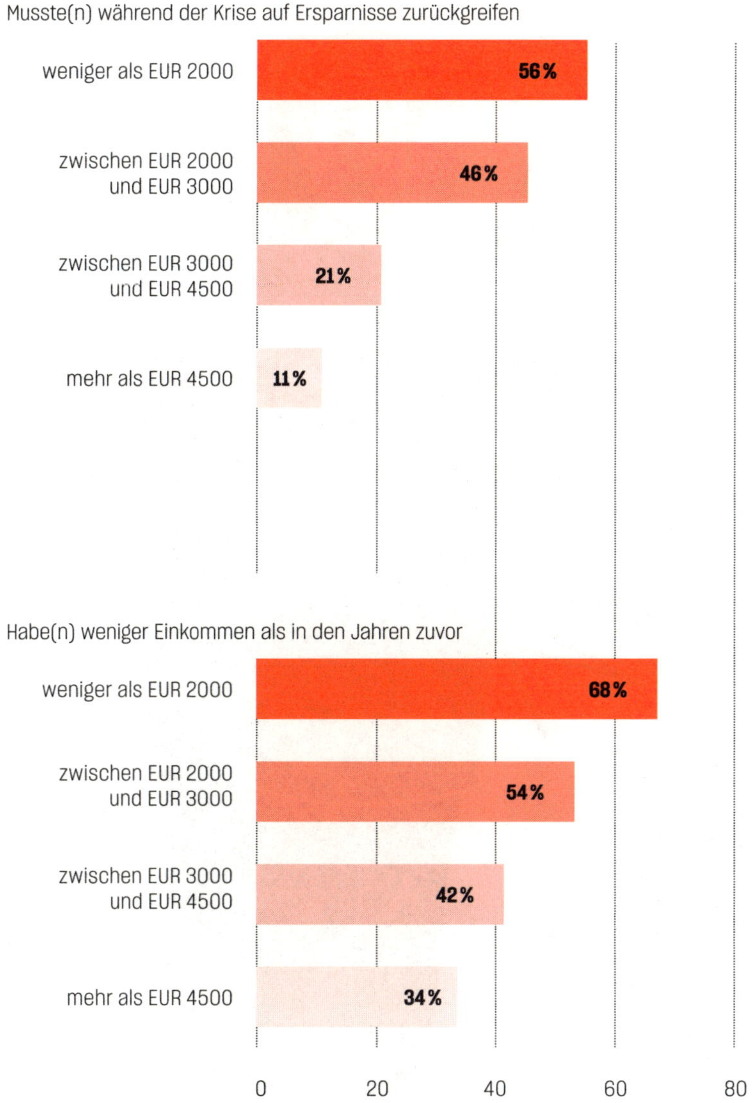

Diana, 29
Betreuerin in einer privaten Kinderwohngemeinschaft

Kurz bevor ich aus dem Haus gehe, wird es windig und kalt. Ich will den Spaziergang mit Diana absagen, aber sie ist schon unterwegs. Also schnappe ich mir noch schnell meinen Schal und laufe los. Natürlich komme ich ein bisschen zu spät. Diana wartet schon bei der U-Bahn-Station. Mit ihrer hellen Mütze fällt sie mir gleich auf. Wir spazieren Richtung Auer-Welsbach-Park, zwischen bellenden Hunden und schreienden Kindern.

Seit Juli 2020 arbeitet Diana als Betreuerin in einer privaten Kinderwohngemeinschaft im 8. Bezirk in Wien. Nebenbei macht sie eine Ausbildung zur Sozialpädagogin und Kunsttherapeutin. Davor war sie bei den Kinderfreunden und im Jugendzentrum tätig. In der Wohngemeinschaft im Reihenhaus wohnen sechs Kinder und Jugendliche im Alter von acht bis 14 Jahren. Welche Kinder den WG-Platz bekommen, wird von der Magistratsabteilung 11 (Wiener Kinder- und Jugendhilfe) und der Hausleitung gemeinsam entschieden. Meist sind es Kinder, die aus ihrem Elternhaus geholt wurden, weil sie dort Gewalt oder anderen Konflikten ausgesetzt waren. Die Kinder und Jugendlichen bleiben unterschiedlich lange dort, bis sich die Situation mit ihren Eltern geklärt hat, oder bis zu ihrer Volljährigkeit, was mehrere Jahre dauern kann.

„Unser oberstes Ziel ist es, für die Kinder alles so normal wie möglich zu gestalten. Die Kinder hier kommen aus ganz prekären und schwierigen Verhältnissen. Sie haben einen andauernden hohen Stresspegel“, erklärt Diana.

Acht bis zehn Betreuer*innen – zur Hälfte Betreuer, zur Hälfte Betreuerinnen, denn je nach ihrem Erlebten haben die Kinder und Jugendlichen einen besseren oder schlechten Zugang zu Frauen oder Männern – sind in wechselnden Diensten rund um die Uhr für die Kinder da. Sie versuchen ihnen Stabilität, Sicherheit und Normalität zu vermitteln. „Es ist wichtig, den Kindern das Gefühl zu geben, dass wir es durch den Tag schaffen. Komme, was wolle", sagt Diana überzeugt. Die Betreuer*innen gestalten den Alltag für die Kinder. Sie bereiten das Mittagessen vor, dann werden die Hausaufgaben gemacht und Termine wahrgenommen, seien es Arztbesuche, Sportvereinsveranstaltungen oder Behördengänge. Außerdem wird darauf geschaut, dass die Kinder möglichst viel in der Natur sind. „Dabei hat Corona uns massiv eingeschränkt. Das Haus wurde den Kindern zu eng und zu geballt", erzählt Diana. Als die Corona-Maßnahmen erlassen wurden, wurden die Kinder damit vertraut gemacht, und es wurde viel über das Virus gesprochen. „Für die Kinder war Corona ein Highlight, etwas Besonderes. Sobald jemand krank wurde, wurde sofort gefragt: Ist es Corona?"

„Es ist wichtig, den Kindern das Gefühl zu geben, dass wir es durch den Tag schaffen. Komme, was wolle."

Nachdem ich beim Spazieren von einem kleinen Kind mit dem Fahrrad angefahren worden bin, flüchten Diana und ich zu einer abgelegenen Bank im Park.

„In einem Haushalt mit vielen Menschen herrscht eine höhere Ansteckungsgefahr, zwei Kolleg*innen hatten bereits Corona", erzählt sie. In der WG gab es auch Verdachtsfälle, die zum Glück schnell durch Testungen geklärt werden konnten. „Ich weiß nicht, wie es wäre, wenn wir ganze zwei Wochen oder zehn Tage mit den Kindern so richtig in Quarantäne hätten gehen müssen. Das packen die Kinder und auch die Betreuer*innen nicht." Diana lacht und hebt die Augenbrauen. Für die Wohngemeinschaft gibt es die Empfehlung, dass alle Mitarbeiter*innen im Dienst Maske tragen sollten. Es wurde ausprobiert und dann von den Betreuer*innen abgelehnt. „Für die Kinder ist es ihr Zuhause, bei uns zu Hause läuft auch niemand mit Maske herum", meint Diana. Mitte März 2021 wurde sie geimpft.

Sie selbst lässt sich von Corona nicht leicht abschrecken, sie passt auf, so gut es geht. „Wenn Corona mich trifft, kann ich entweder leben oder sterben. Es ist so, auch wenn das hart klingt." Dianas Opa jedoch wurde mit dem Virus infiziert und ist an den Symptomen verstorben. „Mein Opa war sehr alt, es ist ur schirch. Aber der Tod gehört zum Leben." Ich staune über ihre furchtlose Einstellung zu Leben und Tod, trotz ihres jungen Alters.

Dass Mitte März 2020 die Schulen geschlossen wurden, war für die Wohngemeinschaft eine besondere Herausforderung. Die Betreuer*innen waren mit dem Home Schooling für sechs Kinder gleichzeitig überfordert. „Es ist anders als Hausaufgaben machen. Wir hatten keinen Plan, vor allem die Koordination war schwer. Wir sind sozusagen ein 8-Eltern-Haushalt. Da fließen auch nicht alle Informationen weiter." Glücklicherweise ist Dianas WG, anders als viele Haushalte, was das Equipment betrifft, gut aufgestellt. So konnten die Kinder während des Lockdowns dem Unterricht online folgen.

Mit dem Wegfall des Schulbesuchs wurde aber auch die gewohnte Routine durchbrochen, und gerade für Jugendliche aus schwierigen Verhältnissen kann das zum Problem werden. Bei einem der Jugendlichen in der Wohngemeinschaft spiegelte sich das in seinem Verhalten wider: Er wurde aggressiv, depressiv und zog sich zurück.

„Ihm gab die Schule Struktur, und er braucht die Interaktion mit gesunden Kindern", erklärt Diana. Nach Absprache mit der Schulleitung durfte er während der Lockdowns für einige Tage pro Woche in die Schule. Normalerweise dürfen manche Kinder und Jugendliche ihre Eltern am Wochenende besuchen oder treffen. Doch seit Anfang der Pandemie sind diese Besuche schlecht planbar und haben ihre Regelmäßigkeit verloren. Die Betreuer*innen halten zu den Sozialbetreuer*innen der Eltern Kontakt, gemeinsam wird die Zusammenführung angestrebt.

Um mit der oft auch psychisch fordernden Arbeit zurechtzukommen, haben die Betreuer*innen der WG regelmäßig Gruppensupervision und können Einzelsupervision in Anspruch nehmen. „Es ist eine Arbeit, die unter die Haut geht. Man kann die Arbeit nicht immer in der Arbeit lassen. Manche Situationen triggern etwas in dir, was in deiner eigenen Geschichte vorkommt. Wenn man sich dessen bewusst ist, kann man besser damit umgehen“, erzählt Diana.

Von Menschen in sozialen Berufen wird erwartet, dass sie ihre Emotionen im Griff haben und immer richtig handeln. „Ich bin aber nur ein Mensch, der auch mal einen schlechten Tag hat“, sagt Diana.

Von der Gesellschaft wünscht sich Diana mehr Verständnis für die Kinder und Jugendlichen in der WG. „Auf ihre Geschichte und ihr Erlebtes wird keine Rücksicht genommen. Es wird erwartet, dass sie in der Gesellschaft funktionieren!“ Diese Erwartungshaltung setzt die Kinder massiv unter Druck. Diana würde sich ein Bildungssystem wünschen, das den Kindern und Jugendlichen, die sie betreut, mehr Raum bietet, sodass sie sich nicht als Außenseiter fühlen müssen.

Es wird kurz still, und wir gehen eine Runde im Park.

„Es ist eine Arbeit, die unter die Haut geht. Man kann die Arbeit nicht immer in der Arbeit lassen.“

Christopher, 33
Postbeamter

Seit über einem Jahr bin ich nicht mehr so früh unterwegs gewesen. Durch meine Jacke spüre ich die frische Morgenluft. Sie rüttelt mich auf und gibt mir einen Motivationsschub. Für das Interview fahre ich zur Postfiliale im 4. Bezirk. Um 7.30 Uhr empfängt mich Christopher vor dem Haupteingang.

Christopher arbeitet seit 16 Jahren bei der Post, war lange im Zustelldienst tätig und wurde dann Teamleiter. Er ist für acht bis 13 Zusteller*innen verantwortlich. Er ist dem Gebietsleiter unterstellt, der die Zustellung von zwei bis drei Bezirken verwaltet und im Überblick hat.

„Egal ob kalt oder warm, ob es schneit oder regnet, ob Corona oder nicht: Wir gehen arbeiten. Das liegt uns im Blut", sagt Christopher. Die Post zählt zu den kritischen Infrastruktureinrichtungen, so waren die Postfilialen auch in allen Lockdowns durchgehend geöffnet. „Es war ein gewisser Stolz da, für die Gesellschaft da sein zu dürfen, indem man den Leuten eine Freude macht, wenn man das Packerl zustellt", fügt er hinzu.

Dienstbeginn ist normalerweise um 6 Uhr Früh, wobei die Mitarbeiter*innen durch die Corona-Pandemie in zwei Gruppen aufgeteilt wurden. Während die einen ihre Schicht um 6 Uhr beginnen, starten die anderen um 9 Uhr. So kommen weniger Mitarbeiter*innen miteinander in Kontakt. Nachdem der Lkw mit der Post um 5.30 Uhr angekommen ist, werden Briefe und Pakete vom Amtsdienst auf die Bewohner*innen aufgeteilt und sortiert. Dann werden sie in ein Wagerl gepackt. „Im 4. Bezirk gehen wir alles zu Fuß und stellen die Post zu“, erzählt Christopher.

Am Arbeitsalltag hat sich trotz Corona nicht viel verändert. Was zu bemerken war, ist jedoch, dass vor allem im ersten Lockdown ab März 2020 viele Menschen auf Online-Shopping umgestiegen sind. Sei es Kleidung, Elektronisches Zubehör oder Büroartikel; von Socken bis zu Wohnungseinrichtungen, über Bleistifte und Spielzeug: Von allem war etwas dabei. Während der Paketversand boomte, gingen Brief- und Werbepost zurück. Auch Geschäftspost hatte abgenommen, da viele Unternehmen auf Homeoffice umgestellt hatten und versuchten, diese elektronisch zu verschicken.

Im Jahr 2020 schrieb die Österreichische Post AG einen neuen Mengenrekord, rund 165 Millionen Pakete wurden in ganz Österreich befördert und zugestellt, das sind 30 Prozent mehr als im Vorjahr. Im Dezember, kurz vor Weihnachten, wurden zwar die Geschäfte für wenige Wochen wieder geöffnet und der Ansturm war sehr groß, doch viele bestellten Geschenke weiterhin online oder verschickten sie an Familienmitglieder, da eine gemeinsame Feier durch den Lockdown nicht möglich war. So stieg die Anzahl der Pakete täglich. An nur einem Tag wurden rund 1,3 Millionen Pakete transportiert. So kam es auch zu längeren Zustellzeiten, da der Druck massiv gestiegen ist. Nicht alle Kund*innen hatten Verständnis dafür. Solch eine Auseinandersetzung musste ich einmal in einer überfüllten Postfiliale miterleben, bis ein Kunde dazwischenging und der Dame erklärte, dass ihre Enkelkinder auch nach Weihnachten an den Geschenken Freude finden würden.

Um die Zustellung möglichst sicher zu gestalten, wurden die Postler*innen dazu aufgefordert, die Haupteingangstürgriffe zu desinfizieren, bevor sie diese angreifen. Um den

Kontakt mit den Kund*innen zu reduzieren, wurde die kontaktlose Zustellung eingeführt. Die Postler*innen stellten das Paket vor die Tür, klingelten, gingen zurück und warteten, bis der Kunde oder die Kundin aufmachte. Eine Unterschrift wurde nicht verlangt.

Im ganzen Gebäude der Postfiliale, so auch im Raum, in dem wir sitzen, hängen Schilder mit der maximalen Personenanzahl und anderen Anweisungen, um an die Regeln zu erinnern.

„Wir haben es hier in der Basis geschafft, keinen einzigen Corona-Fall zu haben", sagt Christopher, der mir im karierten Hemd gegenübersitzt, zwischen uns ein Schreibtisch. In anderen Städten und Stellen wurden im Mai 2020 hohe Corona-Infektionszahlen festgestellt, wie im Post-Logistikzentrum Hagenbrunn und im Verteilerzentrum Inzersdorf in Wien-Liesing. Das Österreichische Bundesheer und Zivilbedienstete mussten zur Unterstützung einrücken.

Christopher ist Familienvater, so gab es für seine Kinder auch gewisse Veränderungen im Schulalltag. Da er und seine Frau arbeiten gehen mussten, war es möglich, die Kinder weiterhin in Betreuung zu schicken, jedoch waren weniger Kinder vor Ort. Der harte Lockdown fiel Christopher schwer, da die privaten Kontakte eingeschränkt werden mussten und er seiner sportlichen Aktivität nicht nachgehen konnte. „Wir sind ein Sportler-Postamt und mit Fußball verbandelt", erzählt er und führt aus, wie sehr ihm das Training mit seinem Teamkollegen abgeht, das nur kurz im Sommer 2020 wieder möglich war.

„Egal ob kalt oder warm, ob es schneit oder regnet, ob Corona ist oder nicht: Wir gehen arbeiten. Das liegt uns im Blut."

„Ich finde, mehr Transparenz von der Regierung wäre gut. Aber auch Toleranz der Regierung gegenüber, denn keiner hat eine Ahnung, wie es sich entwickelt", sagt Christopher. „,Die nächsten zwei Wochen sind entscheidend' haben wir ein Jahr lang oft gehört. Anstatt so zu tun, als ob nach dem Lockdown alles normal wäre, wäre es vielleicht besser gewesen, ehrlich zu sein. Eine Pandemie kann ein bis drei Jahre dauern, steht auf Wikipedia", sagt Christopher zum Abschluss.

Mit mehr Transparenz hätten die Menschen sich besser auf die Situation einstellen können. Das ist auch etwas, was meine Mama immer wieder bemängelt hat: Sich jede Woche auf eine neue Situation einzustellen und neu zu organisieren, ist nicht einfach und verlangt einem extrem viel Energie ab.

„‚Die nächsten zwei Wochen sind entscheidend‘ haben wir ein Jahr lang oft gehört. Anstatt so zu tun, als ob nach dem Lockdown alles normal wäre, wäre es vielleicht besser gewesen, ehrlich zu sein. Eine Pandemie kann ein bis drei Jahre dauern, steht auf Wikipedia.“

Vesna, 42
Abteilungshelferin im Spital

Mein Onkel hat mir Vesnas Nummer geschickt. Er kennt sie jedoch nicht persönlich, denn er arbeitet in einer anderen Abteilung im Spital. Ich rufe an, und wir verabreden uns für ein Telefongespräch am nächsten Tag, in der ersten Maiwoche.

Vesna arbeitet seit 2007 im Spital. In den ersten drei Jahren war sie als Reinigungskraft beschäftigt und vor allem für die Ärztezimmer verantwortlich. Nun ist sie Abteilungshelferin und kümmert sich um die Verteilung des Essens an die Patient*innen, den Wechsel der Bettwäsche und die Desinfektion des Pflegematerials. „Früher gab es keine Abteilungshelfer*innen, alles hat die Reinigungskraft gemacht. Irgendwann wurde es dann aufgeteilt", sagt Vesna. Sie arbeitet Vollzeit, von 7 bis 18 Uhr, öfters auch an Feiertagen und Wochenenden, und hat je nach Dienstplan an unterschiedlichen Tagen frei.

Ab März 2020 wurden Vesna und ihren Kolleg*innen neue Aufgaben zugeteilt: Sie waren zuständig für die Reinigung und Desinfektion der Covid-19-Ambulanz. Dort wurden anfangs Patient*innen mit Verdacht auf Covid-19 mit PCR-Tests getestet. Im Herbst 2020 wurde die Teststation ausgebaut, mehrere Container kamen dazu, um das ganze Krankenhauspersonal und alle Patient*innen regelmäßig mit Schnelltests testen zu können. Siebenmal am Tag reinigt Vesna mit ihren Kolleg*innen die Covid-Teststation: Oberflächen werden desinfiziert, der Müll wird ausgeleert und wenn notwendig

Material nachgefüllt. Dann wird das Reinigungspersonal bestellt, um sich die Böden vorzunehmen. „Ohne Reinigungsdamen kann ein Spital nicht funktionieren“, sagt Vesna. Die Zusammenarbeit mit dem Reinigungspersonal ist im vergangenen Jahr intensiver geworden.

Für das Betreten der Teststation gibt es eigene Regeln. Vesna muss einen Schutzanzug und zwei Paar Handschuhe übereinander anziehen. Bevor es genug FFP2-Masken gab, musste sie zwei Mund-Nasen-Schutzmasken übereinander aufsetzen. „Die Schutzkleidung richtig anzuziehen und auszuziehen war sehr wichtig, wir haben uns Zeit gelassen. Aber die Angst war immer da. Mein Mann ist Risikopatient“, erzählt Vesna. Um das Coronavirus keinesfalls mit nach Hause zu nehmen, entwickelte sie ihre eigene Schutzmaßnahme. „Zu Hause habe ich mein Gewand beim Eingang ausgezogen und dann gleich gewaschen“, sagt sie.

„Früher hatten wir viel Spaß, wir haben auf der Station zusammen gelacht. Jetzt hat jeder Angst vor jedem.“

Es kam nicht selten vor, dass Patient*innen positiv getestet wurden. Diese wurden in ein anderes Krankenhaus mit Covid-19-Station verlegt. In solch einem Fall wurde Vesna sofort verständigt. Die Wege, die der Patient vom Bett aus hätte gehen können, wurden nachverfolgt und anschließend das Zimmer gut gelüftet, alles gereinigt und desinfiziert: von der Kloschüssel bis hin zu Türklinke und Lichtschalter. „Die Arbeit ist irgendwie mehr geworden. Es ist psychisch stressiger, nicht so wie früher“, sagt Vesna und wird kurz still. „Früher hatten wir viel Spaß, wir haben auf der Station zusammen gelacht. Jetzt hat jeder Angst vor jedem.“

Immer wieder fällt Personal aus, entweder weil die Betroffenen selbst mit Corona infiziert wurden oder Kontaktperson waren. Vesna war bisher dreimal in Quarantäne, letztes Mal im April 2021, da ihr Mann an Corona erkrankte. „Der Verlauf seiner Krankheit war schwer, er hatte elf Tage hohes Fieber. Er hatte schon einen Impftermin, jetzt muss er sechs bis acht Monate warten", sagt Vesna. Sie wurde bereits im Jänner 2021 geimpft, mit allen ihren Kolleg*innen. „In Quarantäne zu sein, ist eine Belastung, vor allem beim ersten Mal. Meine Chefin und ich hatten die Gesundheits-Hotline 1450 angerufen. Sie waren überlastet und sind mich erst drei Tage später testen gekommen. Die Was-wäre-wenn-Gedanken haben mich fertiggemacht", erzählt sie. Was sich auch an ihrer Arbeit veränderte, war, dass es Besucher*innen eine lange Zeit nicht gestattet war, ihre Angehörigen im Krankenhaus zu besuchen. „Ich fand es gut, wir konnten uns besser auf unsere Arbeit konzentrieren, und die Patient*innen konnten sich besser regenerieren", sagt sie. Sowohl das Pflegepersonal als auch die Abteilungshelfer*innen sprechen jetzt mehr mit den Patient*innen, um ihnen die Einsamkeit zu nehmen.

Wenn es Vesna mal zu viel wird, geht sie im Wald spazieren. „Ich tanke Kraft und Energie für alles Weitere, sammle Pilze und bringe etwas zum Essen nach Hause. Ich musste das letztes Jahr öfters machen", verrät sie mir.

Vesna ist mit ihren zwei Töchtern und ihrem Mann in Österreich, doch ihre Großfamilie lebt in Kroatien. Normalerweise fährt sie mehrmals im Jahr auf Besuch. „Ich mache mir große Sorgen um sie, meine Eltern sind schon sehr alt. Ohne das Internet wäre es nicht zu ertragen", erzählt sie.

Im Sommer 2020 wurden die Grenzen geöffnet, und Vesna besuchte ihre Familie, doch sie musste auch Urlaub für die Quarantäne miteinberechnen, bevor sie ihre Arbeit im Krankenhaus wiederaufnehmen konnte. Die Feiertage zu Weihnachten fielen ihr besonders schwer. „Ich bin seit dem Jahr 2000 in Wien, und das waren meine ersten Weihnachten hier. Na, es war schon schön mit den Kindern, aber am Abend habe ich geweint, weil ich meine Familie vermisst habe“, erzählt sie. Mit der Impfung hätte Vesna zwar nach Kroatien ausreisen, aber nicht nach Österreich einreisen können, ohne in Quarantäne zu gehen. Da sind die Regelungen sehr unterschiedlich.

„Von der Politik kam nur wenig Unterstützung, wir haben nur 350 Euro Zuschlag bekommen“, erzählt sie. Vesna ist im Betriebsrat und spricht viel mit den Kollegen*innen in den anderen Abteilungen. „Bei allen ist die Arbeit nicht weniger geworden. Ich sehe auch die Arbeit der Reinigungsdamen. Manche haben gute Ausbildungen, aber ihnen fehlt die Sprache und die Möglichkeit, sich fortzubilden“, sagt sie, denn auch für sie war es nicht einfach. „Die Sprache lernte ich durch die Arbeit, denn Sprachkurse gab es keine“, erzählt sie.

Ihr ging es genauso wie meiner Oma, die jung nach Österreich zu ihrem Mann kam und sich Deutsch erst durch den Umgang mit Menschen aneignete.

„Ohne Reinigungs-
damen kann ein Spital
nicht funktionieren."

Das Monatseinkommen unserer Systemheld*innen

Durchschnittliches Einkommen, Angaben netto. Ausgerechnet jene Gruppen, in denen der Frauenanteil am höchsten ist, verdienen in als „systemrelevant“ eingestuften Berufsgruppen im Schnitt weniger als der Durchschnitt in Österreich.

.942 €
2.064 €
2.129 €

Quelle: AK, Arbeitsbedingungen in systemrelevanten Berufen / Momentum Institut

KOMMENTAR

İnci Ardıç – Psychotherapeutin in Privatpraxis und Lektorin an der Sigmund-Freud-Universität, Wien

Noch nie mussten wir uns so sehr mit Unsicherheiten auseinandersetzen wie während dieser Pandemie. Bei vielen Menschen führte das zu Stressreaktionen: Gereiztheit, Schlafstörungen, Kopfschmerzen und vieles andere mehr sind körperliche Symptome davon, die sich auf die Leistungsfähigkeit und das mentale Wohlbefinden auswirken. Doch bei einigen Menschen kommt noch die Migrationserfahrung als Stressfaktor dazu.

Als Psychotherapeutin habe ich viele Jahre in einem psychosozialen Gesundheitsinstitut in Wien gearbeitet, hauptsächlich mit Frauen mit Migrationshintergrund. Minderheitsgruppen sind oft mit komplexen Traumata, körperlicher und psychischer Gewalt und sozioökonomischen Problemen konfrontiert, wie zum Beispiel sprachlichen und bürokratischen Barrieren, Arbeitslosigkeit, reduzierte soziale Unterstützung, Krise der Identität und der Zugehörigkeit. Durch Covid-19 kamen bereits existierende finanzielle Schwierigkeiten, frühere Traumata und emotionale Verletzlichkeit an die Oberfläche und vervielfachten die Frustration und Angst vor dem Ungewissen.

Wenn dieser Stress schlecht verarbeitet wird, führt er zu einer dauerhaften emotionalen Belastung, begleitet von vielen psychosomatischen Symptomen, denen ich bei meinen Klient*innen begegne. Auch die kollektive Zugehörigkeit litt unter der Pandemie. Wichtige Rituale, kulturelle Zusammenkünfte fielen aus, der Sinn für Solidarität und Gemeinschaft ist unter der Bevölkerung mit Migrationserfahrung höher und tiefer mit dem Identitätsgefühl verbunden. Die soziale Distanzierung war somit eine der größten Schwierigkeiten. Familien sind es gewohnt, regelmäßig zusammenzukommen, das wird von den Älteren wie auch von den Jüngeren erwartet. Durch die gesellschaftliche Veränderung in der Zeit der Pandemie fühlten sich viele Ältere verlassen. Die jüngere Generation erlebte einen Konflikt zwischen Verantwortungsbewusstsein und Schuldgefühlen. Die jungen Menschen wollten die Älteren vor dem Virus schützen und sahen sich mit beleidigten, enttäuschten Großeltern konfrontiert. Ein weiteres bedeutendes Problem betraf die Mütter, egal ob alleinstehend oder mit Partner, egal ob berufstätig oder nicht. Die Kinderbetreuung wird in solchen Communitys auf verschiedene Familienmitglieder aufgeteilt, da blieb das Familienbetreuungssystem aus. Es entstanden organisatorische Herausforderungen, und das Gefühl des Verlassenseins kam auf. Besonders für alleinerziehende Mütter war die soziale Distanzierung ein großes Problem, sie sahen sich mit Hilflosigkeit und, in Bezug auf das Distance Learning der Kinder, dem Gefühl der Begrenztheit konfrontiert. Dies war darauf zurückzuführen, dass sie arbeiten mussten und ihnen die

Unterstützung fehlte, oder ihre sprachlichen Kenntnisse und ihr Bildungsabschluss nicht ausreichten, um den schulischen Anforderungen der Kinder gerecht zu werden. Für viele Familien mit Migrationserfahrung ist Bildung der zukünftigen Generation ein wichtiges Thema. Sowohl das Home Schooling als auch die Unvorhersehbarkeit der Schulöffnung bedeutete für Alleinerzieher*innen zusätzlichen Stress und Sorge um die Zukunft der Kinder und Jugendlichen.

Bei den jüngeren Generationen sah ich, dass sich durch die geringen Möglichkeiten, sich mit Gleichaltrigen zu treffen, Geburtstage zu feiern oder einfach Zeit mit Freund*innen zu verbringen, ein Gefühl der Perspektivenlosigkeit einstellte. Oft kamen Phrasen wie „kein Leben haben" von meinen jüngeren Klient*innen. Sie fühlten sich einsam und „anders" als ihre Eltern. Dies wurde durch die intensive Zeit zu Hause verstärkt. Zwei Generationen – die einen, die in Österreich geboren wurden, und jene, die im Ausland aufgewachsen waren – teilten sich einen Haushalt. Oft auf sehr engem Raum, wo Privatsphäre nicht ausreichend Platz hat. Es kam zu Konflikten und Konfrontationen mit der eigenen Identität, ohne das Umfeld verlassen und in einen Austausch mit anderen kommen zu können. Der Familie gegenüber kamen Gefühle des Nicht-verstanden-Seins hoch. Dies verstärkt gewisse Aspekte der Identitätskrise. Dies ist nur ein kleiner Ausschnitt, der auf meinen eigenen Erfahrungen basiert. Es gibt so viel mehr zu erforschen, welche weiteren psychologischen Auswirkungen Covid-19 mit sich gebracht hat. Dies ist sehr komplex und müsste über Jahre hin untersucht werden.

Aynur, 40
Heimhelferin

Aynur und ich treffen uns auf Zoom. In den ersten zehn Minuten versuchen wir die technischen Schwierigkeiten zu überwinden: Zuerst hört sie mich nicht, dann sehe ich sie nicht, dann höre ich sie stockend. Bis irgendwann alles funktioniert.

Die Begeisterung für den Gesundheitsbereich packte Aynur, als sie ihre Schwester beim Lernen für die Krankenschwesternausbildung abprüfte. Dadurch inspiriert, hat sie diese Ausbildung selbst angefangen, konnte sie durch ihre Scheidung und den finanziellen Engpass aber nicht ganz abschließen. Doch die Ausbildungsjahre wurden ihr als Heimhelferin angerechnet. Seit sechs Jahren arbeitet sie nun in der niederösterreichischen Hauptstadt St. Pölten und deren Umgebung in diesem Beruf.

Als Heimhelferin besucht Aynur fünf bis zwölf Kund*innen am Tag. Sie betreut sie, kümmert sich um ihre Körperpflege und Hygiene, richtet ihnen das Essen her und unterstützt sie bei der Messung des Blutdrucks. Einige Kund*innen begleitet sie in die Apotheke oder zum Arzt. Mit anderen geht sie in den Supermarkt. Meist werden die Besuche kurz gehalten, doch „manchmal muss ich länger bleiben, weil es dem Kunden oder der Kundin nicht gut geht, oder weil die Rettung geholt werden muss", erzählt Aynur.

In der Arbeit ist sie immer mit Handschuhen, Schutzanzug und Desinfektionsmitteln ausgestattet. Seit März 2020 kam die Mund-Nasen-Schutz-Pflicht dazu. Die Kommunikation mit den Kund*innen wurde schwieriger, da die meisten in diesem Alter unter Hörschwierigkeiten leiden. Außerdem können sie keine Emotionen aus der Mimik mehr ablesen. „Wenn ich unter der Maske lächle, wissen die Kund*innen es gar nicht. Die Freude geht verloren", erzählt Aynur.

Im Jahr 2020 wurden von der Heimhilfe zwischen 450 und 500 Kund*innen in St. Pölten und Umgebung betreut. Die Anzahl der Besuche pro Kund*in ist davon abhängig, was sich Familie oder Kund*in selber leisten können. Der Selbstbehalt und die Förderung werden individuell berechnet. Unterschiedliche Faktoren, wie zum Beispiel Pflegegrad und Familieneinkommen, spielen dabei mit. „Manche werden dreimal am Tag besucht, andere nur einmal die Woche, obwohl ich mir denke, da müsste ich öfters hingehen", teilt mir Aynur mit.

„Wenn ich unter der Maske lächle, wissen die Kund*innen es gar nicht. Die Freude geht verloren."

Die Einteilung, wohin Aynur und ihre Kolleg*innen fahren und welche Kund*innen sie besuchen, wird von der Leitung gemacht. Während ein Team im Norden unterwegs ist, fährt ein anderes in den Süden der Stadt. „Heute Abend zum Beispiel gehe ich zu einer Kundin, die ich lange nicht gesehen habe, bisher wurden andere Kolleg*innen eingeteilt, sich um sie zu kümmern. Ich freu mich schon. Ob sie sich wohl an mich erinnert?", fragt sich Aynur und lächelt.

Für die Besuche wird ihr ein Dienstauto zur Verfügung gestellt. „Als alleinerziehende Mutter könnte ich mir kein eigenes Auto leisten", sagt sie.

Was Aynur sich wünschen würde, wäre beispielsweise eine Unterstützung für die Kinderbetreuung, das wäre auch eine finanzielle Entlastung. Bisher hatte sie immer auf die Hilfe ihrer Familie zurückgegriffen, die nun während der Pandemie ausblieb. „Ich hätte nicht gewusst, was ich tun sollte, wenn mein Sohn krank geworden wäre", sagt sie.

Aynur musste während der Pandemie durchgehend ihre Eltern, die zur Risikogruppe gehören, unterstützen. Einkäufe und Medikamente legte sie vor der Tür ab. Auch für ihre Schwestern war sie eine Stütze, als eine von ihnen in Quarantäne war.

„Ich habe große Angst davor gehabt, mich oder meine Kund*innen mit Covid-19 anzustecken", sagt Aynur. Daher zog sie sich im Privatleben zurück. Normalerweise besucht sie regelmäßig ihre Eltern und trifft sich mit ihren Schwestern. Doch das blieb nun aus. Ihrem 13-jährigen Sohn ist die Lage bewusst. „Mein Sohn zeigt sich solidarisch und schränkt sich ein, er ging anfangs nicht einmal in den Park, wenn die Nachbarskinder anklopften", erzählt Aynur. „Er vereinsamte, denn auch das In-die-Schule-Gehen ist lange ausgefallen."

Die Vereinsamung sah sie auch bei ihren Kund*innen. Viele wurden von ihren Angehörigen nicht mehr besucht, sie gingen auch nicht mehr mit ihren Freund*innen ins Café. „Meine Kolleg*innen und ich waren für viele die einzige Kontaktperson. Zur Außenwelt haben sie keinen Kontakt gehabt. Sie waren wie eingesperrt", sagt Aynur und ergänzt: „Und runde Geburtstage fielen einfach aus." Durch die kurzen Intervalle der Besuchstermine konnten keine intensiven Gespräche stattfinden. „Bei jedem Besuch wurde ich mit Freude empfangen. Ich hatte leider nur eine bestimmte Zeit, die manchmal zu kurz war, weil ich zum nächsten Kunden fahren musste. Das ist für mich sehr traurig", sagt sie.

Vielen Menschen ist nicht bekannt, dass Heimhelfer*innen Schwerarbeit leisten. Sie betreuen beispielsweise Menschen mit Seitenlähmungen, müssen diese dabei unterstützen, in die Dusche zu kommen oder vom Bett in den Rollstuhl zu rutschen. Wird eine komplette Übernahme dieser Tätigkeiten nötig, dann kommt eine andere Berufsgruppe, wie z.B. Pflegeassistent*innen oder diplomierte Gesundheits- und Krankenpfleger*innen, zum Einsatz. Selbst wenn in der Ausbildung alle Griffe gelernt und geübt werden, hinterlässt diese Arbeit am eigenen Körper Spuren. Mit zunehmendem Alter wird es immer schwieriger. „Ein Körper kann sehr schwer sein. Besser wäre es, wenn immer zwei Kolleg*innen gemeinsam zum Einsatz fahren, es wäre aber wahrscheinlich zu teuer", sagt Aynur. Sie würde sich mehr Kolleg*innen wünschen, um diesen sozialen Beruf wieder sozial ausüben zu können, um sich mehr Zeit für die Kund*innen nehmen und ihnen zuhören zu können. „In meinem Team sind fast nur Frauen. Ich würde mich freuen, wenn auch Männer diesen Beruf ausüben würden", spricht Aynur einen weiteren Punkt an. Aynur ist seit einem Jahr Betriebsrätin und engagiert sich für ihre Kolleg*innen.

„Ich würde mich freuen, wenn auch Männer diesen Beruf ausüben würden."

Während des Gesprächs fällt mir auf, wie zurückhaltend Aynur ist, aber auch welche Liebe sie für ihren Beruf hat. Wir tauschen uns noch über unsere Migrationserfahrungen aus, sie kam als Kind nach Österreich und baute sich hier ein neues Leben auf. Ich war nur ein paar Jahre älter, als meine Familie immigrierte.

„Ich denke mir: Hoffentlich werde ich mir so eine Heimhilfe leisten können, wenn ich alt bin", sagt sie bei der Verabschiedung. Ich komme ins Grübeln, denn wahrscheinlich werde ich mir auch keine leisten können.

Anteil an Beschäftigten, die nicht glauben, von ihrer Pension später leben zu können, je nach Einkommenshöhe

Die niedrige Entlohnung und brüchigere soziale Absicherung in vielen der „systemrelevanten" Berufe haben natürlich Auswirkungen auf die spätere Pension und die Armutsgefährdung im Alter. Armutsgefährdung trifft aber auch migrantische Beschäftigte häufiger als Beschäftigte ohne Migrationshintergrund, zum Teil sogar innerhalb derselben Berufsgruppe.

Hussein, 25
Eisenbieger

Husseins Kontakt bekomme ich über gefühlt tausend Ecken, und einen Termin für ein Gespräch zu finden, gestaltet sich schwierig: Wenn ich anrufe, kann er nicht abheben, und wenn er mich anruft, sitze ich in einem Meeting. Irgendwann spätabends schaffen wir es. Seine Stimme ist leise und ruhig, vielleicht auch ein bisschen müde.

Der Beruf des Eisenbiegers ist Hussein von Kindheit an vertraut. „Mein Vater arbeitete in Syrien auf Baustellen und nahm mich öfters mit, als ich älter wurde. So habe ich das Handwerk kennengelernt", fängt Hussein das Gespräch an. Hussein ist Facharbeiter und leitet ein Team von vier Mitarbeitern. Oft arbeitet er auf Baustellen in Wien, manchmal in anderen Bundesländern. Mit seinen Kollegen stellt er Stahleinlagen her, die dann in den Beton gesetzt werden. Dazu wird gemessen, geschnitten und Bewehrungsstahl gebogen. Hussein macht sozusagen die Wände und Decken tragfähig.

Mit seiner Frau wohnte Hussein zunächst in Villach, bis er später nach Wien umgezogen ist, wo er seinen B2-Deutschkurs nicht abschloss, da er über einen Bekannten Arbeit an der Baustelle vermittelt bekam.

Als die Pandemie begann, war unklar, ob die Bauprojekte weitergehen, ob die Zeitpläne eingehalten werden können und wie sich alles entwickeln würde. Hussein konnte sich unter Corona nichts Genaues vorstellen, gibt er zu, bis er die leere Stadt sah und allein in der U-Bahn saß. „Meine Frau machte sich Sorgen um mich, und ich machte mir Sorgen um Österreich.“ In der Baufirma wurde beschlossen, weiterhin zu den Baustellen zu fahren, Masken wurden verteilt und Desinfektionsmittel besorgt. Außerdem wurde der Abstand zwischen den Bauarbeiter*innen immer wieder erweitert, aus einem Meter wurden im Laufe der Zeit 2,5 Meter. Auch in den Aufenthaltsräumen gelten diese Regeln, dort dürfen sich jetzt nur zwei Mitarbeiter*innen mit FFP2-Maske aufhalten.

„Ich hatte keine Angst, Corona zu bekommen, aber dass ich Corona-Regeln verletze und bestraft werde“, erzählt Hussein. Er versucht daher immer informiert zu bleiben und verfolgt die neuen Maßnahmen und Regelungen der Regierung durch unterschiedliche Facebook- oder Whatsapp-Gruppen, wo alles auf Arabisch oder Kurdisch übersetzt und geteilt wird. Am meisten vermisst er den Kontakt zu seinem Bruder und seinem Onkel, die nur zwei Blocks weiter wohnen. Bei schönem Wetter treffen sie sich für Spaziergänge im Park, bei Schlechtwetter grüßen sie sich am Fenster.

„Ich hatte keine Angst, Corona zu bekommen, aber dass ich Corona-Regeln verletze und bestraft werde.“

Wir führen das Gespräch auf Arabisch, und immer wieder kommt es zu stillen Momenten, wenn Husseins Antworten sehr kurz werden und ich nach den richtigen arabischen Begriffen suche, um tiefer ins Gespräch und seine Gedanken eintauchen zu können.

Die erste Baufirma, in der Hussein angestellt war, ging Ende März 2020 in Konkurs, und er musste sich beim AMS arbeitslos melden. „Es war eine schwierige Zeit, vor allem finanziell. Meine Frau und ich waren mitten im Umzug“, erzählt Hussein. Nach 20 Tagen fand er eine neue Arbeitsstelle bei einer anderen Baufirma. Doch zu seinem Nachteil konnte er für die Dauer seiner Arbeitslosigkeit keine Hilfen beziehen, da er die Frist für die Antragstellung verpasst hatte, da er sich nicht auskannte und sein alter Arbeitsgeber ihn nicht aufklärte.

In der neuen Firma gab es gleich Schwierigkeiten im Bauprozess, da die Holzarbeiter, die täglich aus Budapest pendelten, nicht mehr kommen konnten, weil die Grenzen im April 2020 dicht waren. Die Folge waren Bauverzögerungen. Schließlich wurden für Bauarbeiter*innen aus dem Ausland Ausnahmen geschaffen. „Mein Chef schrieb ihnen Arbeitsbestätigungen, damit sie nicht aufgehalten werden. Ich habe auch eine bekommen, falls ich auf der Straße aufgehalten werde“, erzählt Hussein.

Beim Betreten der Baustelle wurde allen Mitarbeiter*innen Fieber gemessen. Ab Februar 2021 wurde verlangt, dass sich alle regelmäßig testen und die Ergebnisse vorweisen. „Auf der Baustelle passen wir aufeinander auf, es ist uns wichtig, dass wir alle gesund bleiben“, sagt Hussein. Kurz vor Neujahr 2021 erkrankte Hussein dennoch an Corona. „Ich weiß nicht, ob es mir wegen der Symptome oder vor lauter Angst schlechter ging“, sagt er. Das Fieber war sehr hoch, und die Medikamente halfen nicht. Als es ihm besser ging, fiel ihm die Quarantäne schwer, er war weitere Tage zu Hause eingeschlossen.

„Auf der Baustelle passen wir alle aufeinander auf.“

Oft denkt er an seine Bekannten in Syrien, wie sie wohl die Pandemie überstehen. Tests sind dort unleistbar, den Menschen fehlt es an allem: Essen, Medikamenten, Elektrizität. „In Syrien sagt man: Wer ins Krankenhaus eingeliefert wird, kommt nicht zurück“, erzählt Hussein betrübt.

Hussein möchte schnellstmöglich die österreichische Staatsbürgerschaft beantragen. Denn trotz seiner Arbeit und seiner Eigenständigkeit fühlt er sich in Österreich nicht gleichwertig behandelt. „Die Menschen versuchen immer, einen Unterschied zu finden, deswegen will ich die Staatsbürgerschaft bekommen, damit wir dann gleich sind", erklärt er mir. Neben der Arbeit versucht er für seinen B2-Deutschkurs zu lernen und hofft auf einen baldigen Prüfungstermin.

Es ist bereits dunkel draußen, als wir uns verabschieden.

„Meine Frau machte sich Sorgen um mich, und ich machte mir Sorgen um Österreich."

Nathalie, 29
Mitarbeiterin der AMS-ServiceLine

Meine Interviewanfrage wird vom AMS herzlich angenommen, und schnell ist der Kontakt zu Nathalie hergestellt. Wir schreiben einige Male hin und her, bis wir uns online auf Zoom treffen. Sie ist jünger, als ich dachte, hinter ihr ein Moodboard mit Fotos von inspirierenden starken Frauen. Ich erkenne Frida Kahlo.

„Der 13. März ist ein Datum, das sich bei mir eingebrannt hat, es war der Freitag, als wir gehört haben, es wird einen Lockdown geben. Dabei hatten wir uns Anfang dieser Woche noch über Corona lustig gemacht“, erzählt Nathalie. Sie arbeitete damals 24 Stunden in der AMS-ServiceLine. Ihre Aufgabe war es, Anrufe von Klient*innen entgegenzunehmen, deren Anliegen zu beantworten oder sie an die entsprechende Fachabteilung weiterzuleiten.

Trotz der Pandemie wurde von allen Mitarbeiter*innen erwartet, weiterhin zur Arbeit zu kommen. „Meiner Mutter wäre es am liebsten gewesen, ich geb' den Job auf, sie macht sich immer noch Sorgen, dass mir etwas passiert“, erzählt Nathalie. In den ersten Arbeitsmonaten, als die Pandemie offiziell in Österreich angekommen war, war das AMS nicht nur mit den Anfragen der Betriebe, den Anträgen auf Kurzarbeit sowie Arbeitslosigkeit gefordert, sondern auch intern. Man versuchte schnellstmöglich Schutzmaßnahmen aufzustellen und Masken und Desinfektionsmittel zu organisieren. „Ich bin am Montag in die Arbeit gefahren, es war wie in einem Zombiefilm. Wien war wie ausgestorben“, erinnert sich Nathalie. Für das AMS war Homeoffice nicht schnell umsetzbar, auch wegen des Datenschutzes.

Es musste schnell auf die Veränderungen auf dem österreichischen Arbeitsmarkt reagiert werden, Gastronomie und Hotellerie mussten schließen, viele Mitarbeiter*innen auch in großen Konzernen und Firmen wurden gekündigt oder in Kurzarbeit geschickt. Die Kunst- und Kulturbranche stand vor einem Veranstaltungsverbot, das später in Einschränkungen umgewandelt wurde. Langsam verstanden die Dienstgeber*innen die Lage. Die AMS-Filialen blieben offen, und doch waren sie mit der Bearbeitung der gestellten Anträge überfordert. Das AMS versuchte das Online-Angebot für die Klient*innen zu verbessern und die Telefonberatung auszubauen.

„Wir waren mit den Anrufen komplett überlastet. An einem Tag waren wir eine Stunde oder länger nicht erreichbar, am ersten Tag des Lockdowns sind die Leute nicht mehr durchgekommen“, erzählt Nathalie. Die Wartezeit für die Anrufer*innen nahm zu, ebenso ihre Unsicherheit und auch das Aggressionspotenzial.

„Egal ob Pandemie oder nicht, wir sind der Sündenbock, einfach ein Mistkübel. Es kommt oft vor, dass man grundlos derb angesprochen wird, das muss man aushalten können“, sagt Nathalie. „Die Menschen ließen ihre Wut, Trauer und ihren Grant am Telefon aus. Es ist ein Job der Gesichtslosen, die Menschen müssen sich nicht zeigen und sehen uns am Hörerende nicht. Es gab keine Hemmschwellen.“ Erst im Laufe des Jahres entspannte sich die Situation ein bisschen, auch weil die Mitarbeiter*innen besser damit umgehen lernten.

„Egal ob Pandemie oder nicht, wir sind der Sündenbock.“

„Ich habe bis zu 129 Gespräche an einem normalen Arbeitstag geführt“, erzählt Nathalie und gibt zu, dass es ihr nicht immer leichtfällt.

Ich kann mir überhaupt nicht vorstellen, so viele Anrufe entgegenzunehmen, nach vier Telefonaten oder Zoom-Meetings an einem Tag dröhnt mein Kopf, und ich sehne mich nach absoluter Stille.

Um dem Druck entgegenzuwirken, wurden die Stunden der Mitarbeiter*innen aufgestockt, Nathalie arbeitete dann 34 Stunden statt bisher 24 in der ServiceLine. Neues Personal dafür anzustellen, war jedoch nicht möglich, da die Ausbildung ein Dreivierteljahr dauert. Außerdem wurde der Telefonservice des AMS in drei Hotlines geteilt: Anmeldung der Arbeitslosigkeit, normale ServiceLine, und seit Dezember 2020 auch Weiterbildung.

Einige Mitarbeiter*innen im AMS, zum Beispiel Berater*innen, wurden versetzt, um die Kurzarbeitsanträge zu bearbeiten. In Wien gab es über 40.000 Anträge. Täglich erreichten die ServiceLine-Mitarbeiter*innen neue Informationen, die kommuniziert werden sollten. Bei manchen Fragen konnte Nathalie nur um Geduld bitten, da die Entscheidungen der Regierung zuerst rechtlich gestützt werden mussten.

Zu Nathalies Aufgaben gehörte es auch, mit den Reaktionen auf Medienberichte umzugehen. „Wenn eine Gratiszeitung sowas raushaut wie es gibt eine Einmalzahlung vom AMS, führt das dazu, dass ganz viele Menschen hysterisch bei uns anrufen und nach ihrem Geld fragen. Dabei ist diese Einmalzahlung noch nicht beschlossen worden. Auf so eine Kommunikation kann man echt verzichten, es macht nur Arbeit und Sorgen“, kritisiert Nathalie. Auch die Sprache der Politik sei für die Situation nicht hilfreich. „Die Leute sind so müde und frustriert, ich merke es auch selber. Jeder ist gefordert, gute Stimmung zu machen. Berichterstattung ist zwar wichtig, aber es wird extrem viel Kriegssprache verwendet. Das löst in vielen Menschen, vor allem älteren, schlimme Ängste aus“, ergänzt sie.

Am Arbeitsplatz sitzen normalerweise 130 Service-Line-Mitarbeiter*innen auf vier Stockwerke verteilt. Durch die gesetzlich vorgegebenen Abstandsregelungen waren auch AMS-Teamleiter*innen gefordert, rasch Lösungen zu finden und die Mitarbeiter*innen räumlich besser aufzuteilen. Beispielsweise wurde antibakterieller Gesichtsschutz aus Plastik beim Telefonieren ausprobiert, dieser erwies sich im Arbeitsalltag jedoch als ungeeignet, da die Stimme hallte. Die Mund-Nasen-Schutzmaske war ebenfalls unpraktisch und dämpfte die Stimme.

Die ständig neuen Verordnungen sind für große Unternehmen wie das AMS eine Herausforderung. Impftermine wurden mehrmals angekündigt, aber immer wieder verschoben. Im Sommer 2021 waren dann schließlich über 80 Prozent der Mitarbeiter*innen geimpft.

Nathalies persönliches Ziel in dem Job ist es, gemeinsam mit den Anrufenden eine Lösung für ihre Situation zu finden, aber „wir haben viele bürokratische Vorgaben, und manche Kund*innen selbst machen Hilfe nicht so einfach", sagt Nathalie. Wichtig sei es auch, die Unterschiede anzuerkennen, sei es in der Erwartungshaltung oder in der Lebenssituation, das sei eine Herausforderung an dem Job. „In der ServiceLine rufen überwiegend Menschen an, die in Notsituationen sind, denen es nicht gut geht. Ich wusste, auf Dauer kann ich das nicht machen", erzählt Nathalie, die im April 2021 in die Öffentlichkeitsarbeit wechselte. „Manchmal ist man in einer widersprüchlichen Situation, weil man die Situation aus dem persönlichen Umfeld kennt. Aber das System funktioniert nun mal so, dass es gewisse Regeln gibt. Ob das fair ist, steht nicht zu Diskussion", fügt sie hinzu.

„In der ServiceLine rufen überwiegend Menschen an, die in Notsituationen sind, denen es nicht gut geht. Ich wusste, auf Dauer kann ich das nicht machen."

Nathalie war selbst viele Jahre selbstständig und musste einige Herausforderungen meistern.

Ausgleich findet Nathalie im Sport, zwischen Gewichtheben und Crossfit. Da musste sie sich mit Online-Training in der kleinen Wohnung begnügen, die sie mit ihrem Freund teilt.

Obwohl Nathalie das Stadtleben liebt, merkte sie, dass Wien für sie in Zeiten der Pandemie sehr wenig hergibt. „Ich brauche keinen H&M, um glücklich zu sein, aber die Sportvereine, meine Freunde und Familie, Lokale, um gemeinsam Essen und Trinken zu gehen, und mehr Natur."

Und sie ergänzt: „In der Großstadt ist Anonymität Segen und Fluch zugleich, und das verstärkte sich durch die Pandemie. Es gab schon Positives – Menschen, die für Ältere Einkaufen gegangen sind, zum Beispiel – aber die Grundstimmung für mich war Distanzierung in aller Form, Gesichtslos-Werdung mit Maske, kein Lächeln, kein Grüßen. Mir ist Grüßen extrem wichtig."

Nathalie und ich unterhalten uns noch eine Stunde. Sie erzählt, dass die Pandemie es schwer macht, junge Mädchen mit Migrationshintergrund zu erreichen, da die Netzwerke auf persönlichen Kontakt aufgebaut sind und sie physische Veranstaltungen brauchen. Nun werden die Social-Media-Kanäle des AMS ausgebaut, in der Hoffnung, den Kontakt wieder zu stärken. Man müsse mehr in den Bereich Digitalisierung investieren, nicht nur den Zugang bereitstellen, sondern auch im Umgang damit schulen. Nathalie darf durch ihren Positionswechsel in die Öffentlichkeitsarbeit an diesen Prozessen teilnehmen, sich einbringen und mitgestalten.

Wir verabschieden uns und folgen uns gegenseitig auf Instagram.

„Fast eine Million Menschen in Österreich pflegen ihre pflegebedürftigen Angehörigen: Kinder und Jugendliche, noch Erwerbstätige, bis hin zu alten Menschen. Mit ihrer unbezahlten Arbeit ersparen sie dem Sozialwesen pro Jahr ca. 3 Milliarden Euro. Dafür brauchen sie nicht nur ein freundliches Dankeschön, sondern Entlastung, soziale Absicherung und kostenlose professionelle Unterstützung bei der Pflege.“

Birgit Meinhard-Schiebel, Präsidentin der IG Pflege

Frauenanteil

Auffällig ist der hohe Frauenanteil in den meisten sogenannten systemrelevanten Berufen. In acht von elf Berufen überwiegt der Frauenanteil.

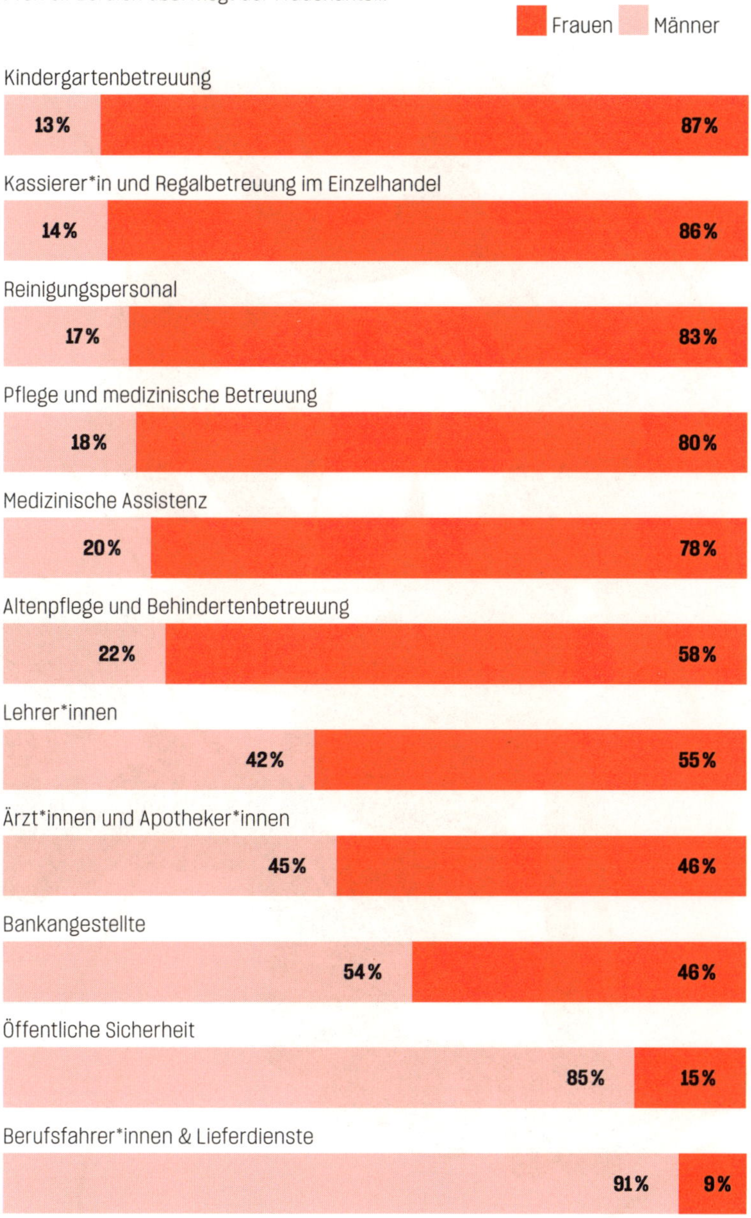

Antonia, 53
Leiterin der Telefonseelsorge

Ich fahre zum Stephansplatz, die Innenstadt ist leer, die Geschäfte sind im April 2021 geschlossen. Während ich durch die Gassen schlendere, schaue immer wieder auf die Wegbeschreibung, die ich mir während meines Telefonats mit Antonia notiert habe. Schließlich komme ich in den Büroräumlichkeiten der Telefonseelsorge an, die von Antonia zusammen mit Carola geleitet wird. Beide Frauen strahlen Selbstbewusstsein aus und begegnen mir mit großer Offenheit.

Antonia begann 1992 ihre ehrenamtliche Tätigkeit als Telefonseelsorgerin in Wien. „Ich habe es deswegen gemacht, weil meine Großmutter 35 Jahre ehrenamtlich in der Telefonseelsorge München gearbeitet hat, das hat mich immer sehr beeindruckt", erzählt sie. Nach acht Jahren wechselte sie in die Krankenhausseelsorge, wo sie 20 Jahre lang Patient*innen spirituell begleitete. Am 1. Jänner 2020 übernahm sie die Vollzeitstelle als Leiterin der Telefonseelsorge in Wien. „Ich kam, und mit mir kam Corona." Antonia lacht. „Ich hatte gerade mal zwei Monate, um die Füße auf den Boden zu stellen, mich zu orientieren, meine Zuständigkeiten und die Ehrenamtlichen kennenzulernen – und dann kam der Lockdown."

Die Telefonseelsorge ist ein kostenloses, anonymes und rund um die Uhr erreichbares Hilfsangebot in Form von Gesprächen. Sie wurde von der katholischen und der evangelischen Kirche gegründet. Während der Corona-Krise wurde außerdem die islamische Seelsorge Salam aufgebaut, dort werden mehr Sprachen angeboten.

Bei der Telefonseelsorge Wien arbeiten vier „hauptamtliche“ angestellte Mitarbeiter*innen. Zu ihnen zählen Carola und Antonia. Alle weiteren 150 bis 160 Mitarbeiter*innen machen ihren Dienst ehrenamtlich. Viele von ihnen sind über 60 Jahre alt, einige haben gesundheitliche Probleme und gehören somit der Risikogruppe an. So meldeten sich viele beim ersten Lockdown im März 2020 vom Dienst ab, und nur 30 bis 40 ehrenamtliche Mitarbeiter*innen standen für den Dienst zur Verfügung. „Glücklicherweise haben sich viele ehemalige Mitarbeiter*innen für den Dienst angemeldet, und der Dienstplan war supervoll“, erzählt Antonia.

Das war auch nötig, denn durch die Pandemie und den Lockdown stieg der Bedarf an Hilfsangeboten: Die Zahl der Anrufe stieg im Jahr 2020 um 70 bis 75 Prozent, pro Tag wurden etwa 130 Anrufe entgegengenommen. Statt zwei wurden nun drei Telefonleitungen besetzt, und bis Frühling 2021 wurde die Nachtschicht dreifach belegt. Die Online-Seelsorge im Chat wurde von zwei auf acht Stunden am Tag erweitert.

„Der erste Lockdown war ein Gleichmacher. Allen ging es gleich schlecht“, berichtet Antonia. Auffällig war, dass sich Menschen, die normalerweise öfter anrufen, weniger meldeten. In einem der Anrufe hieß es: „Ich kann das, was die anderen erst lernen.“ Das bezog sich auf die neu erlernte Einsamkeit, erzählt Carola. Die meisten Gespräche drehten sich um drei große Themen: Einsamkeit, Beziehungskonflikte und psychische Erkrankungen.

Zu beobachten war, dass das Medieninteresse an ihrer Arbeit zugenommen hat, und auch aus dem Kabinett des Bundeskanzleramts wurde oft gefragt, „was die Bevölkerung denkt“.

Während die hauptamtlichen Mitarbeiter*innen ihre Organisationstätigkeit im Homeoffice erledigen können, scheiterte die Umleitung der Telefonanlage in die Wohnungen der

Ehrenamtlichen. „Ich weiß auch nicht, ob ich das gewollt hätte. Es klingt zwar einfacher, aber dann bin ich mit all dem, was ich höre, alleine in meinem Wohnzimmer. Dann kommt die Datenschutzfrage hinzu, wenn man mit anderen zusammenwohnt: Hören sie mit?“, sagt Antonia.

Um die Arbeit in den Büros verantworten zu können, mussten auf die Schnelle Hygienekonzepte entwickelt, Masken besorgt und Desinfektionsmittel organisiert werden. Die ersten Masken für die Mitarbeiter*innen wurden von einer Freundin genäht. „Wir wollen ein sicheres Arbeitsumfeld schaffen, ohne paranoid und zwanghaft zu werden. Und ohne Corona-Cluster“, sagt Antonia. Mittlerweile, wo es Tests und Impfungen gibt, kommen auch Ehrenamtliche aus der Risikogruppe zurück in den Dienst.

Immer wieder übernehmen auch die Leiterinnen Antonia und Carola einen Telefondienst. Falls eine Person nicht zum Dienst erscheint, springen sie ein. „Wir sind eine Notrufnummer und müssen immer erreichbar sein. Das ist der Deal!“, sagt sie. Untertags, in der Nacht und am Wochenende hat eine von ihnen Rufbereitschaft, sowohl für administrative Angelegenheiten als auch um für die Ehrenamtlichen da zu sein. Zum Beispiel wenn diese ein bedrückendes Gespräch hatten. Supervision ist bei der Telefonseelsorge Pflicht.

„Wir müssen immer erreichbar sein,das ist der Deal.“

„Es ist wichtig, sich nicht abzugrenzen, sondern sich einzulassen. Für mich hat sich das in meiner langen Zeit als soziale Krisenhenne bewährt“, erzählt Antonia. Ihr ist ihre tägliche Meditation wichtig, wo sie sich „Größerem“ zuwendet, wie sie sagt, sich aber auch ins Bewusstsein ruft, dass die Welt nicht in ihren Händen liegt, sondern in Gottes Hand.

Antonias Appell an die Gesellschaft ist es, zu verstehen, dass es solche Stellen wie die Seelsorge braucht, um Menschen ein offenes Ohr anzubieten. Die muslimische Seelsorge, die derzeit in Österreich aufgebaut wird, sei genauso wichtig und sollte ebenso gefördert werden.

„Mein Wunsch ist es, dass der achtsame Umgang auch nach der Krise bleibt“, sagt Carola. „Das Füreinander soll in den Mittelpunkt rücken, das macht fröhlich und glücklich und würde uns insgesamt als Gesellschaft gut tun“, ergänzt Antonia.

Als ich frage, welche Forderungen Antonia und Carola an die Politik haben, wird es kurz still. „Mehr Geld für psychiatrische Erkrankungen und Ausbau der Kinder- und Jugendpsychatrie“, sagt Antonia mit Überzeugung. In ihrer Arbeit merkt sie, wie wichtig ein einfacherer Zugang zu psychiatrischen Einrichtungen wäre. Den Anrufenden wird bei der Telefonseelsorge zwar ein offenes Ohr geboten, manchmal würden sie aber eine viel intensivere Hilfe brauchen, damit ihnen längerfristig geholfen wäre. „Es sind Menschen mit Traumata und mit großen Schicksalsschlägen, die von der Politik und Gesellschaft gestützt werden sollten“, sagt Antonia.

In Österreich ist der Bedarf sehr groß, und die Wartelisten sind lang. „Psychische Erkrankungen sollen wahrgenommen werden, sie dürfen nicht mehr tabuisiert und marginalisiert werden. Das würde schon den Umgang damit erleichtern“, ergänzt sie ein paar Sekunden später.

Das Telefon vibriert, und Carola schaut auf die Uhr. Es ist spät. Abrupt verabschieden wir uns.

„Psychische Erkrankungen sollen wahrgenommen werden, sie dürfen nicht mehr tabuisiert und marginalisiert werden. Das würde schon den Umgang damit erleichtern.“

KOMMENTAR

Mirijam Hall – Ärztin

Spätestens seit Etablierung der *Gender Medicine* als eigenem Forschungszweig ist bekannt, dass Frauen in der medizinischen Wissenschaft – salopp ausgedrückt – deutlich unterforscht sind. Das reicht von Fragen der Forschungsfinanzierung bis hin zur langjährigen Ignoranz der Tatsache, dass Medikamente bei Frauen oft anders wirken als bei Männern. Die Konsequenzen treffen Frauen im Allgemeinen und Schwangere im Besonderen, da die Erforschung von neuen medizinischen Techniken, Medikamenten und Impfstoffen an Schwangeren ein zusätzliches Risiko und damit einen erhöhten menschlichen und finanziellen Aufwand bedeutet, ohne dass in diesem Bereich viel Geld zu holen wäre.

Dieser Zustand, dass Frauen als Gruppe in Gesellschaft und Medizin gerne übersehen werden, ist auch in der Corona-Pandemie deutlich zu spüren. Ich arbeite als Assistenzärztin an der Abteilung für Gynäkologie und Geburtshilfe, die seit Ausbruch der Pandemie in Österreich die meisten schwangeren Frauen mit Covid-19 behandelt und entbunden hat, und beschäftige mich seit März 2020 intensiv mit den Auswirkungen dieser Erkrankung auf Schwangerschaft, Mutter und Kind. Zu Beginn der Pandemie wussten wir wenig bis gar nichts. Die erste Richtlinie zum Umgang mit Corona in der Geburtshilfe mussten wir auf Basis von 32 weltweit veröffentlichten Fällen erstellen.

Schon damals wurde berichtet, dass die Krankheit bei etwa 10 Prozent der Schwangeren schwer verläuft (das heißt, dass die Frauen intensivmedizinische Betreuung benötigen). Diese Zahl sollte sich im Laufe der Pandemie auch ungefähr bestätigen. In der Öffentlichkeit wurde dieser Prozentsatz als unbedenklich abgetan und verlautbart, Schwangere hätten kein erhöhtes Risiko für schwere Verläufe. In der Folge wurden dann zunächst auch keine speziellen Schutzmaßnahmen für Schwangere etabliert. Was dabei übersehen wurde, ist, dass Schwangere, wenn man sie mit der richtigen Gruppe vergleicht – nämlich Frauen ihres Alters, und nicht mit der Gesamtbevölkerung inklusive aller multimorbiden Pflegewohnheimbewohner*innen –, sehr wohl ein deutlich erhöhtes Risiko einer schweren Erkrankung haben. Das Risiko für Schwangere wurde aufgrund der falschen Vergleichsgruppe also schlicht fehlinterpretiert.

An unserer Abteilung mussten wir jede fünfte Frau mit positivem Virus-Nachweis aufgrund ihrer Symptome stationär aufnehmen. Rund 23 Prozent aller Schwangeren, die mit Symptomen (und sei es nur Geschmacksverlust und sonst nichts) erkrankten, mussten im Endeffekt auf die Intensivstation verlegt werden. Die Rate an frühen Frühgeburten (also eine Geburt des Kindes vor der abgeschlossenen 34. Schwangerschaftswoche) war unter den Infizierten viermal so hoch wie normal. Zusammengefasst zeigt sich also mehr als deutlich, wie wichtig es für die Gesundheit von Mutter und Kind wäre, Schwangere besonders vor einer Corona-Infektion zu schützen. International wurden ähnliche Daten erstmals bereits im Mai 2020 publiziert, Schwangere trotzdem noch lange nicht als Risikogruppe anerkannt.

Hinzu kommt die deutlich höhere psychische Belastung, der Schwangere in dieser Pandemie ausgesetzt sind, ganz zu schweigen von der Herausforderung, als Corona-positive Schwangere entbinden zu müssen (Betreuung durch Hebammen und Ärzt*innen in voller Schutzmontur, durch die sich keine Gesichter erkennen lassen, praktisch keine Möglichkeit, eine Begleitperson mitzunehmen, da meistens selbst in Quarantäne, Sorge, was die Erkrankung mit einem selbst und dem Kind macht, kein Besuch nach der Geburt etc.).

Man würde denken, das alles wäre Grund genug, im Rahmen der Pandemiebekämpfung alles daranzusetzen, Schwangere, die sich selbst oft nur mäßig gut schützen können, weil sie kleine, betreuungspflichtige Kinder haben, die Masken aufgrund der Kurzatmigkeit durch die Schwangerschaft nur mäßig gut vertragen und so weiter, möglichst gut zu schützen und zu unterstützen. In Österreich dauerte es dennoch bis November 2020, bis eine entsprechende Regelung im Mutterschutzgesetz geschaffen wurde, um Schwangere in besonders gefährdeten Berufen schützen oder vorzeitig freistellen zu können. Eine Regelung, die bis heute Schwangere, die z.B. im Handel tätig sind, nicht ausreichend umfasst, da diese durch Maßnahmen wie Plexiglasscheiben vor den Supermarktkassen nicht als Kontaktberufe gelten (sic!).

Aber nicht nur in Österreich wurde viel zu langsam und teilweise unzureichend reagiert. Bei der Impfstoffentwicklung und -testung wurden Schwangere, trotz vieler Aufrufe von Fachgesellschaften, wie so oft von den Zulassungsstudien ausgeschlossen und erhielten somit zunächst in den allermeisten Ländern der Welt keinen Zugang zur schützenden Impfung. In Österreich, insbesondere in Wien, ist es uns mittlerweile gelungen, Schwangeren den Zugang zur Impfung nach entsprechender Aufklärung zu ermöglichen. Dies hat funktioniert, da in den USA von Beginn an Schwangere geimpft wurden und die entsprechenden Daten strukturiert gesammelt wurden. Auch wenn aufgrund des allgemeinen Wissens zu Impfungen in der Schwangerschaft und dem Wirkmechanismus der zugelassenen Impfstoffe nicht davon auszugehen ist, dass die Corona-Impfung der Schwangerschaft schadet: Schwangere müssen auch heute noch mit der Tatsache leben, dass es keine große Studie zu den Auswirkungen auf Schwangerschaft, Mutter und Kind gibt. Diese laufen erst und werden für das Jahr 2022 erwartet (für den Impfstoff von Biontech/Pfizer). In anderen Ländern haben Schwangere deshalb nach wie vor de facto keine offizielle Möglichkeit, sich impfen zu lassen, und müssen weiter mit dem Risiko einer Covid-Erkrankung leben.

Schwangere leben in Zeiten der Pandemie also weiterhin mit großer Verunsicherung, mit (für fast alle Frauen gültiger) Doppelt- und Dreifachbelastung, oft ohne ausreichenden arbeitsrechtlichen Schutz, mit der Gefahr einer schweren Erkrankung, die das eigene Leben und das ihres ungeborenen Kindes stark gefährdet, und in vielen Gegenden der Welt ohne direkten Zugang zu einer schützenden Impfung.

Ob das alles wohl auch so wäre, wenn Männer diejenigen wären, die schwanger werden?

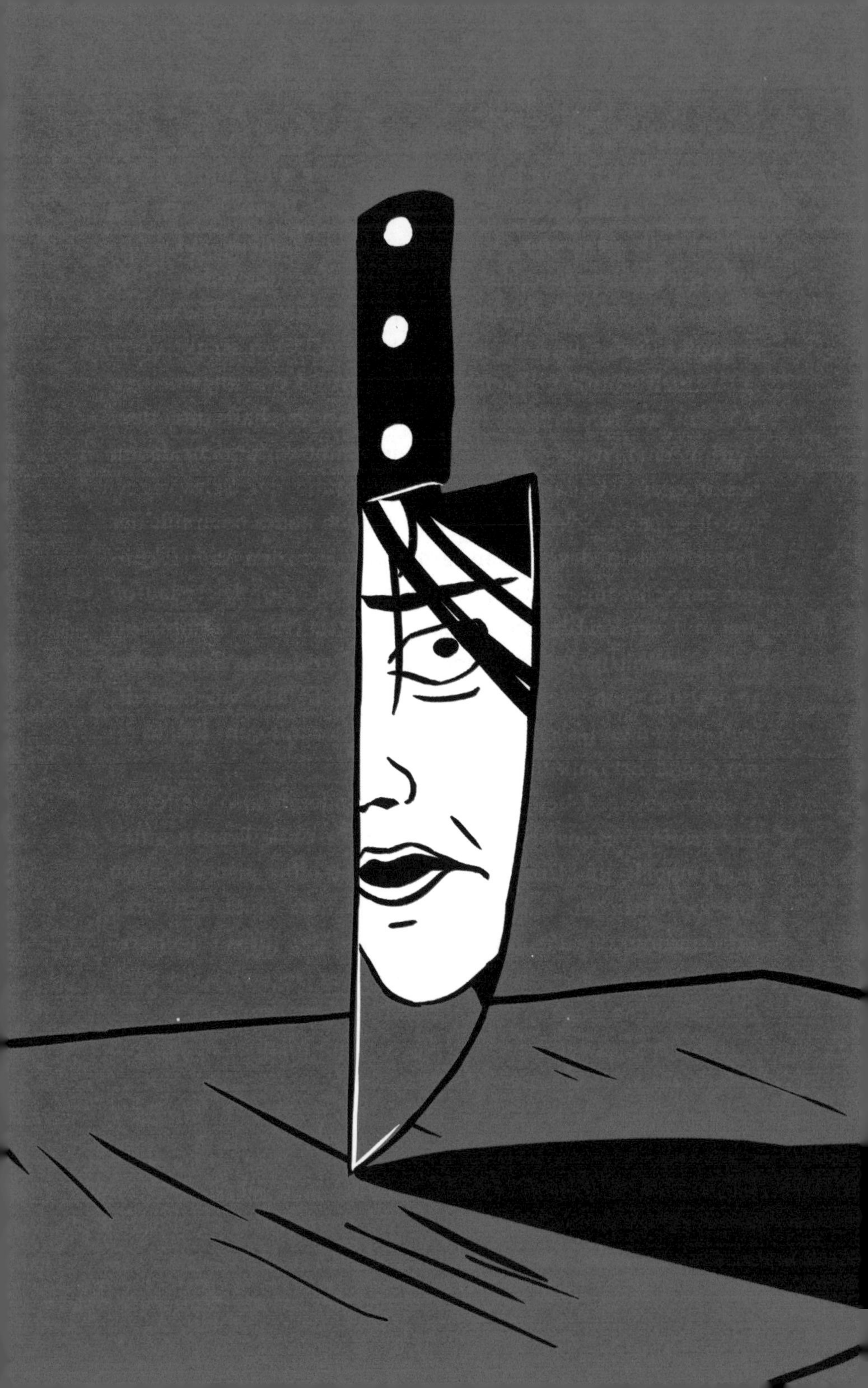

Maria, 58
Sozialarbeiterin im Frauenhaus

Eine Kollegin meiner Mama vermittelt mir den Kontakt zu Maria. Am nächsten Tag rufe ich bei ihr an, erzähle Genaueres von meinem Buchprojekt und schicke ihr meine Kontaktdaten und Terminvorschläge für ein Zoom-Gespräch.

Am letzten Freitag im April treffen wir uns virtuell. Bei ihr schaut es gemütlich aus, auf dem Bildschirm sehe ich eine Decke aus Holz und einen Schrank in der gleichen Farbe und Maria in einem blauen Pulli. Ihr ergrautes Haar strahlt im Bildschirm vom Lichteinfall. Maria lächelt mich an und fängt gleich zu erzählen an. Ich folge ihren Worten, muss mich allerdings mehr fokussieren, da mir ihr Dialekt mehr Konzentration abverlangt.

Kurz nach ihrer Ausbildung als Sozialberaterin fing Maria im Frauenhaus in Amstetten zu arbeiten an. Das ist mittlerweile dreißig Jahre her. Im Haus haben acht Frauen mit ihren Kindern Platz, maximal zwanzig Personen bekommen dort Unterschlupf. Viele Frauen finden in solchen Gewaltschutzeinrichtungen Sicherheit und Beratung, um häuslicher Gewalt zu entfliehen.

Das Frauenhaus wird teils vom Staat, aber auch durch Spenden finanziert. Es ist demokratisch organisiert, eine Chefin gibt es nicht, die sechs Mitarbeiter*innen entscheiden gemeinsam über die Regeln im Haus und so auch über die Maßnahmen am Anfang der Pandemie 2020. „Wir hatten volles Haus. Niemand hat gewusst, wie man sich schützen soll, Desinfektionsmittel gab es nicht, und die Regelungen der Regierung waren sehr vage. Es lag an uns, Regeln aufzustellen“, erzählt Maria. Manche Bewohnerinnen konnten mit den Informationen aus den Nachrichten wenig anfangen, Maria und ihre Kolleg*innen mussten schnell reagieren und sie aufklären. „Zuerst kam die Schockstarre, denn manche Bewohnerinnen konnten es nicht ganz verstehen, gefolgt von großer Aufmerksamkeit, und dann der Zusammenhalt dieser Frauen. Hier war Solidarität stärker als Angst.“

Trotz der engen Räumlichkeiten und der Sorge wurde nicht mehr genörgelt, sondern zusammengeholfen. Die Bewohnerinnen schauten aufeinander. Während der ersten Welle kaufte eine für alle anderen ein, um die Außenkontakte möglichst einzuschränken. Mund-Nasen-Schutzmasken waren zunächst knapp. Da schneiderte eine Bewohnerin Masken für die Mitarbeiter*innen, die anderen Bewohnerinnen und deren Kinder. Im Frauenhaus wohnten zu dieser Zeit 13 Kinder. Viele von ihnen wurden krank, hatten Erkältung oder die Grippe, und steckten sich gegenseitig an.

Ärzt*innen kamen wegen des Lockdowns nicht vorbei. Die Kinder husteten ins Telefon, und es wurde eine Ferndiagnose gestellt. „Wir haben uns vor positiven Fällen gefürchtet. In einem anderen Frauenhaus ging die Leitung mit den Bewohnerinnen in Quarantäne“, erzählt mir Maria über Zoom. „Mich hat es schon belastet, aber es war immer anders, wenn ich das Haus betreten habe. Es war eine andere Welt. Eine Insel. Wir haben keine Nachrichten gehört. Erst auf dem Rückweg ist mir bewusst geworden, welcher Gefahr ich mich aussetze.“ Denn trotz Lockdowns empfingen sie weiterhin Frauen, eine ist beispielsweise nur für eine Nacht mit ihren Kindern untergekommen. Zu Hause warteten zwei erwachsene Kinder und Marias Mann, der im Homeoffice arbeitete, auf sie.

Die Mitarbeiter*innen haben schnell beschlossen, das Frauenhaus trotz der Situation offen zu halten und Frauen wenn möglich weiterhin aufzunehmen. Die Mitarbeiter*innen teilten sich in zwei Gruppen ein, die einander nicht begegnen sollten, um das Ansteckungsrisiko zu vermindern. Nur wenige Bewohnerinnen mussten trotz Lockdown in die Arbeit. Alle anderen schränkten ihre Kontakte ein. Auch die Besuche im Haus wurden abgesagt, nur draußen im Freien konnten die Frauen spazieren gehen. Viele Beratungsgespräche mit Frauen, die Hilfe und Unterstützung suchten, wurden telefonisch oder über Zoom durchgeführt. Es wurde nach Lösungen gesucht, damit nicht viele Frauen vorbeikommen mussten.

In dieser Zeit kamen vermehrt Anfragen von ehemaligen Bewohnerinnen, die nach Rat suchten, und von anderen Frauen, die an Depression, Psychosen oder Angststörungen litten. Zum Beispiel hatte eine traumatisierte Frau große Angst vor ihrem Ex-Mann, dem sie das letzte Mal vor zehn Jahren begegnet war. „Wenn man viel alleine ist, fehlt das Zurückholen in die Realität. Man kann sich in den Gedanken einspinnen und findet keine Distanz dazu“, erklärt Maria.

„Wenn man viel alleine ist, fehlt das Zurückholen in die Realität.“

Herausfordernd war vor allem im ersten Lockdown, dass viele der Partnerinstitutionen und andere Organisationen im Homeoffice waren und ihre Angebote einschränkten, ob Sprachkurse oder Workshops für Berufsorientierung.

Ein Anstieg an Gewaltfällen war sichtbar, vor allem im Winter 2020. „Nach dem ersten Lockdown ist es statistisch nachweisbar, dass die Frauenhäuser in Niederösterreich überdurchschnittlich ausgelastet waren“, erzählt Maria. Sie nahm viele Notrufe entgegen, das Frauenhaus in Amstetten war durchgehend aufnahmebereit. Jetzt, im Frühjahr 2021, gibt es in den Frauenhäusern in ganz Niederösterreich keine freien Zimmer. „Ich habe heute meine Kollegin gefragt, die ist auch im Vorstand vom Gewaltschutzzentrum, und auch da sind die Polizeieinsätze zum Thema Gewalt an Frauen wesentlich mehr als in den Jahren davor."

Maria und ihren Kolleg*innen ist es nicht nur wichtig, Frauen, die von Gewalt betroffen sind, Schutz zu bieten und ihnen zu erklären, dass sie sich rechtzeitig Hilfe suchen sollen, sondern auch, Männer zu informieren und zu konfrontieren. Weiters machen sie auf das Thema Femizide aufmerksam. Immer häufiger werden in Österreich Frauen von ihren (Ex-)Partnern oder (Ex-)Ehemännern ermordet. Österreich zählt in der EU zu den Ländern mit den meisten Femiziden. „Heute war ich in Schock, als ich gehört habe, dass wieder eine Frau ermordet wurde. Es geht uns zutiefst nahe, dass die Zahlen nicht weniger, sondern mehr werden", sagt Maria.

„Heute war ich in Schock, als ich gehört habe, dass wieder eine Frau ermordet wurde."

In manchen Wochen gab es im Frauenhaus einen starken Wechsel der Bewohnerinnen, eine zum Beispiel blieb nur eine Nacht, während andere über mehrere Wochen Zuflucht suchen, bis sie entscheiden, was sie tun wollen. Manche gehen zu ihren Partnern zurück, andere ziehen zu Bekannten oder finden eine Wohnung. Die Mitarbeiter*innen beraten, vermitteln und versuchen den Frauen bei ihrer Entscheidung beizustehen. „Was ich von den Bewohnerinnen mitkriege, ist, dass sie – als Alleinerzieherinnen – Existenzangst haben", erzählt Maria. Die Putzfrau im Frauenhaus war früher auch Bewohnerin des Hauses, hat zwei Kinder im Volksschulalter und eine ältere Tochter. Sie war seit November 2020 viermal in Quarantäne, kriegt kaum Unterhalt und konnte die Zusatzausgaben wie Laptop nur durch Spenden bewältigen.

Eine weitere Mitbewohnerin wurde in Kurzarbeit geschickt. Eine andere arbeitet als Pflegerin und gab ihren Beruf auf, sie hat zwei kleine Kinder und hatte Angst, Corona nach Hause mitzubringen oder selbst zu erkranken. „Für viele ist die Frage: Wie tue ich, wenn ich krank werde? Kommen meine Kinder ins Heim? Wenn ich keine sozialen Ressourcen habe, keine Großeltern, Nachbarn ... Da waren Zukunftsängste da", sagt Maria. „Wir brauchen einen bedarfsorientierten Unterhalt, der für die Kinder und ihre Mütter zur Verfügung steht. Alleinerzieherinnen zählen zu den Ärmsten in der Bevölkerung. In dieser Krise ist das noch mehr zum Vorschein gekommen, weil die Hilfssysteme vor allem bei der ersten Welle nicht funktioniert haben, weil die Familie nicht in Anspruch genommen werden durfte. Es gibt aber auch Frauen, die diese Systeme gar nicht haben."

Manchen Männern war es nicht möglich, den vollen Unterhalt zu bezahlen, da sie entweder in Kurzarbeit gehen mussten oder ihren Job verloren haben. Doch die Alleinerzieherinnen waren auf den Unterhalt angewiesen.

„Die Pandemie zeigt auch, wie wichtig Frauenhäuser und Gewaltschutzeinrichtungen sind. Es muss mehr Plätze geben, unabhängig von Corona", sagt Maria. Sie pausiert kurz, und ihr Blick schweift von der Kamera ab. Sie hatte sich für unser Gespräch Notizen gemacht. Sie zieht einen Zettel zur Seite, schaut in die Kamera: „Das ist alles, was ich sagen wollte", und bedankt sich.

„Was ich von den Bewohnerinnen mitkriege, ist, dass sie – als Alleinerzieherinnen – Existenzangst haben."

„Es muss mehr Plätze in Gewaltschutzeinrichtungen geben, unabhängig von Corona."

Corona-Krise: Lebenseinkommen schrumpfen

Die Krise vermindert das potenzielle Lebenseinkommen beider Geschlechter, doch das der Frauen stärker.

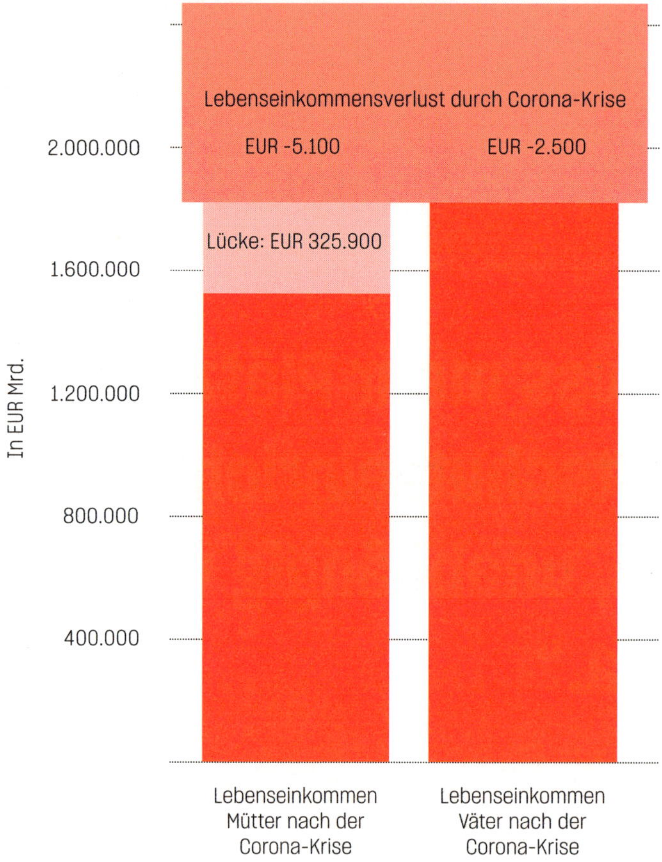

Quelle: Momentum Institute Berechnung, Mayrhuber 2017

„In vielen Branchen sind es Frauen, die das Land am Laufen halten. Wir brauchen also schnelle, große Schritte zu Geschlechtergerechtigkeit. Das geht über die Lohnverhandlungen der Gewerkschaften, die da hartnäckig sind. Das geht auch über volle Lohntransparenz in den Betrieben. Und nicht zuletzt brauchen wir viel mehr Budget für Bildung, Gesundheit und Pflege. Das schafft attraktive Arbeitsbedingungen mit guten Einkommen – und es ist auch ein viel wirkungsvolleres Zeichen der Anerkennung von gesellschaftlich relevanter Arbeit als Applaus."

Renate Anderl, Präsidentin der Arbeiterkammer Wien

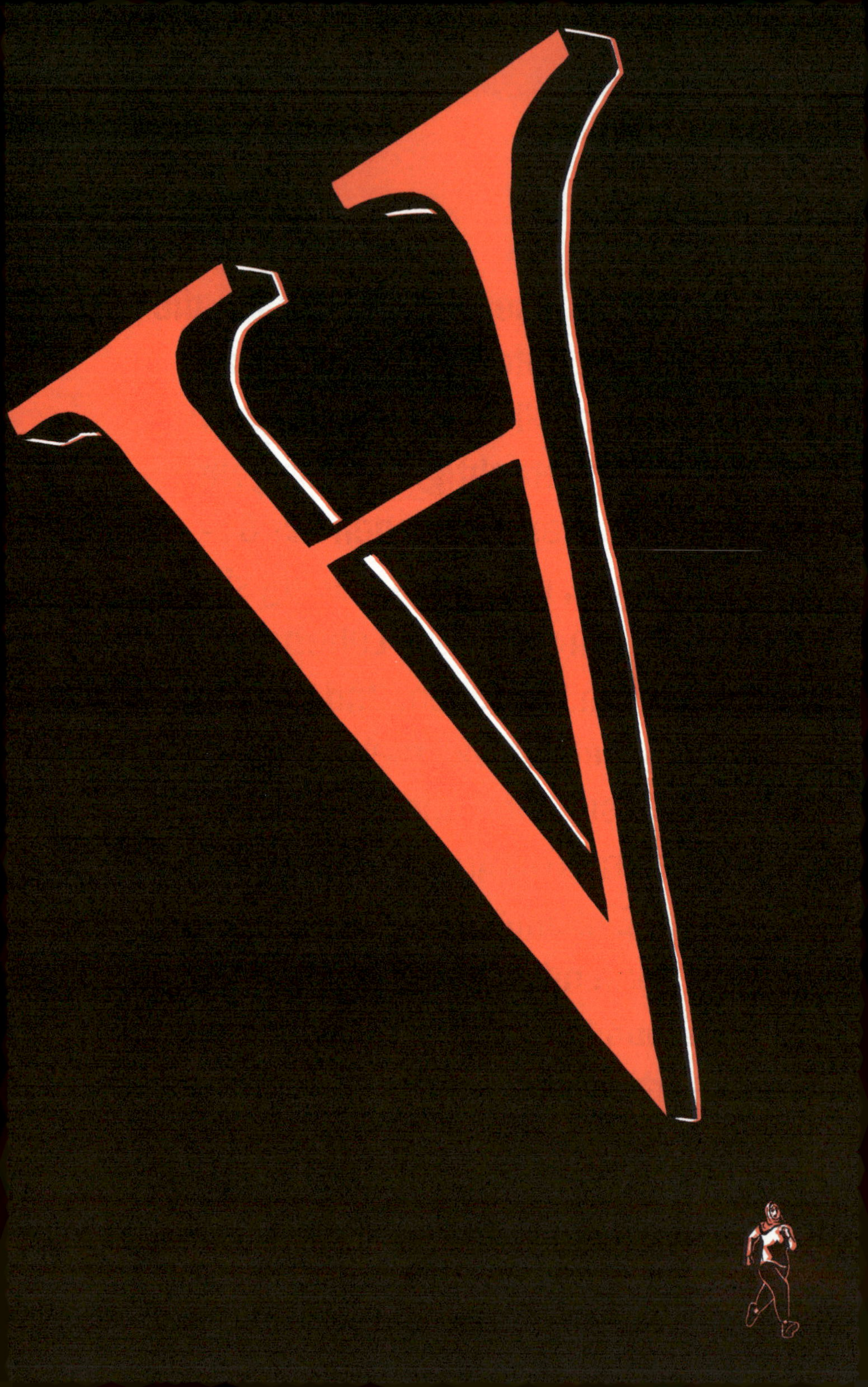

Somia, 53
Mobile Sozialassistentin und Beraterin für Menschen mit Migrations- und Fluchterfahrung

Somia und ich hatten einander bei einigen Veranstaltungen flüchtig gesehen, aber nicht persönlich kennengelernt. Dafür kenne ich ihre Tochter und ihren Sohn gut. Beide nahmen an einem dreitägigen Workshop teil, den ich vor Jahren geleitet habe, und hinterließen durch ihre starken Persönlichkeiten und Meinungen einen positiven Eindruck. Als ich dem Sohn von meinem Buchprojekt erzählte, stellte er den Kontakt zu seiner Mutter her. Somia und ich führen unser Gespräch über das Telefon, denn es ist Ramadan, und wir beide sind etwas zu erschöpft, um noch einen Spaziergang zu machen.

Somia ist seit acht Jahren im Verein Nachbarinnen als mobile Sozialassistentin tätig, sie begleitet ihre Klient*innen zu Ämtern und Schulterminen in ganz Wien und hilft ihnen durch die „Zettelbürokratie" Österreichs. Außerdem berät sie sie auf ihrem Weg und stärkt ihr Selbstvertrauen. Weiters arbeitet Somia seit vier Jahren in einem anderen Verein, AFYA, der sich ganz der interkulturellen Gesundheitsförderung von Menschen mit Flucht- und Migrationserfahrung widmet.

„Ich mache meine Arbeit für das Empowerment von Frauen und ihren Kindern", sagt Somia. Wie oft sie die Familien besucht, ist unterschiedlich, manche trifft sie wöchentlich, und je fortgeschrittener und selbstständiger sie sind, desto mehr nimmt die Betreuung ab, und neue Familien kommen dazu. In den Gesprächen geht es vor allem um die Neuorientierung in Wien. Somia bringt den Familien das österreichische Gesundheits- und Bildungssystem näher und erklärt ihnen, welche Möglichkeiten es zum Spracherwerb gibt.

„Wir bieten einen Elterntisch an, wo Eltern sich austauschen können. Die Fragestellungen werden von der Community bestimmt. Mal ging es um Menstruation und Pubertät, mal um Mobbing an Schulen, seit März 2020 geht es um Corona und die Folgen“, erklärt Somia.

„Ich mache meine Arbeit für das Empowerment von Frauen und ihren Kindern.“

Zu diesen Treffen wird immer ein*e Referent*in eingeladen, der oder die seine bzw. ihre Expertise mit den Zuhörer*innen teilt. Dieses Programm wurde während Corona weitergeführt, aber auf Zoom umgestellt. Normalerweise werden die Teilnehmer*innen nach Sprachgruppen unterteilt: Arabisch, Tschetschenisch, Paschtu, Türkisch und Somalisch, um bei den Themen in die Tiefe gehen zu können. Dann kommen alle Gruppen wieder zusammen, tauschten sich aus und stellten ihre Fragen. „Über Zoom war es schwieriger. In Präsenz nehmen wir uns Zeit für diese Kleingruppenbildung, die Teilnehmer*innen sind im Anschluss länger da, um sich zu vernetzen, trinken zusammen Kaffee. Jetzt geht das nicht“, erzählt Somia.

Das hat sich auch auf die Teilnehmer*innenzahl ausgewirkt, deutlich weniger Menschen nahmen das Angebot an. Thematisch mussten sich Somia und ihre Kolleginnen ebenfalls umorientieren. Plötzlich standen Corona, die Regierungsmaßnahmen, Home Schooling und Online-Präsenz im Fokus. „Manche hatten große Angst vor Corona, sie haben ständig alles gewaschen. Eine Familie desinfizierte auch das Obst und Gemüse und alles andere, was von draußen kam. Wenn jemand aus der Familie vom Supermarkt kam, so musste die Kleidung sofort in die Wäsche getan und geduscht werden. Ich musste ihnen erklären, dass das nicht notwendig ist“, erzählt Somia. „Doch egal wie sehr sie aufpassten, manche haben sich trotzdem angesteckt."

Die Familien wurden über Corona und die Maßnahmen aufgeklärt und auch darüber, was sie in Not- und Verdachtsfällen tun sollten, denn die Informationen waren nicht immer zugänglich gestaltet.

„Wir erklärten den Frauen, wie sie sich organisieren können. In vielen Familien war Chaos, sie haben die Tagesstruktur verloren, und die Spracherziehung hat unter Corona gelitten, je länger der Lockdown andauerte", erzählt Somia. Im Verein für Gesundheitsförderung rückten Themen über die seelische Gesundheit in den Vordergrund: wie die Familien mit dem Alltagsstress umgehen, wie sich die Frauen ihren Raum nehmen und sich auf ihre Tätigkeiten konzentrieren können.

„Am Anfang ist der Druck sehr gestiegen. Die Frauen in den Familien haben uns den weiterkommuniziert und weitergegeben, so ist auch die Arbeit mehr geworden", sagt Somia. Plötzlich sind Existenzängste hochgekommen, trotz Job kam es in vielen Familien zu finanziellen Engpässen durch die Umstellung auf Kurzarbeit. Die größte Überforderung gab es durch die Umstellung auf Distance Learning. Die Eltern konnten den Kindern nicht die nötige Unterstützung anbieten, da sie selbst nicht in diesem Bildungssystem groß und nicht in deutscher Sprache unterrichtet worden waren. Viele Eltern waren deswegen frustriert. „Manchen fehlte das technische Wissen. Die Kinder haben online gefehlt, weil sie keinen Zugang hatten. Es war katastrophal", erzählt Somia. Vom Verein wurden dann mehrere Laptops organisiert und an die Familien verteilt, um den

„Manchen fehlte das technische Wissen. Die Kinder haben online gefehlt, weil sie keinen Zugang hatten. Es war katastrophal."

Kindern die Teilnahme am Unterricht zu ermöglichen. Bei manchen Familien funktionierte die Online-Beratung nicht, so musste Somia sie besuchen gehen. „Es war notwendig, da hatte ich keine Wahl. Die Frauen konnten sich nicht auf das Online-Gespräch konzentrieren. Ihr Mann saß daneben, die Kinder waren im Hintergrund laut. Das ging einfach nicht."

Beim Besuch wurden alle Maßnahmen eingehalten, sowohl Somia als auch die Familie mussten Masken aufsetzen, die Fenster wurden geöffnet, und alle haben versucht, den Abstand einzuhalten, was in den kleinen Wohnräumen nicht einfach war. Seit Winter 2020 konnte sich Somia vor ihren Terminen in den Teststraßen testen lassen.

Somia besuchte im Lockdown pro Woche drei bis vier Familien. Wenn es möglich war, traf sie sie auf einen Spaziergang und versuchte die Beratungen dabei abzuhalten. „Bei meiner Arbeit mit den Frauen war es so, dass sie plötzlich nur noch abends Zeit hatten, wenn die Kinder im Bett waren", sagt Somia. Für sie war das zum Glück kein Problem, ihre Kinder sind schon älter und sehr selbstständig.

Somia mag es, in der Vermittler*innenrolle zu sein. Die meisten Behörden, Schulen und Beamt*innen nehmen ihre Arbeit wertschätzend an, wenn auch nicht alle. „Wir sind eine Brücke und versuchen, dass es zu keinen Parallelgesellschaften kommt", erklärt Somia. Sie beobachtet, dass ihre Klienten*innen oft Kontakt zu Österreicher*innen suchen, aber nicht immer gelingt es ihnen. „Sie setzen unseren Ratschlag um, bringen Kekse vorbei, grüßen im Treppenhaus, aber es kommt nichts zurück", ergänzt Somia. „Ich wünsche mir, dass beide Seiten aufeinander zugehen."

> **„Was das Leben erleichtern würde, wäre, die Bürokratie in diesem Land zu reduzieren."**

„Was das Leben erleichtern würde, wäre, die Bürokratie

in diesem Land zu reduzieren", sagt sie zuletzt. Diese hindere viele daran, ihr Potenzial auszuschöpfen.

Meine Gedanken schweifen ab, denn die Angst, etwas mit den vielen Formularen und Meldungen falsch zu machen, begleitet auch mich.

Somia und ich schaffen es nicht, uns gut zu verabschieden, sie bekommt einen Anruf von ihrem Sohn und muss schnell Schluss machen.

Stefan, 31
Mitarbeiter und Führungskraft in einer Lebensmittelhandelskette

Während Stefan an der U-Bahn-Station Schönbrunn beim Ausgang Meidling wartet, warte ich beim anderen Ausgang zwischen Hietzing und Schönbrunn. Wir schicken einander unsere Live Location und spazieren aufeinander zu. Ich vergleiche sein Whatsapp-Profilbild mit jeder Person, die an mir vorbeispaziert, so finden wir einander. Stefan trägt eine braun-khakifarbene Winterjacke, die Mütze verdeckt sein Gesicht. Er begrüßt mich mit sanfter Stimme. Viele motivierte Läufer*innen, die vom Wind unbeeindruckt bleiben, ziehen an uns vorbei.

„Es hieß immer, dieser Job ist krisensicher!" So fängt unsere Unterhaltung an. „Doch ich konnte mir darunter nichts vorstellen, bis die Krise kam." Stefan arbeitet Teilzeit als Führungskraft in einer Supermarkt-Filiale mit 15 Mitarbeiter*innen. Nebenbei studiert er Ernährungswissenschaften und steht kurz vor seinem Abschluss. Zum Job kam er durch einen Bekannten, denn die Arbeitszeiten ließen sich mit dem Studium vereinbaren. Durch seinen Einsatz ist Stefan schnell aufgestiegen.

Als es im März 2020 es auf einmal hieß, alle sollten zu Hause bleiben und ihre Kontakte reduzieren, war das für Stefan beängstigend. „Wir, die Menschen im Lebensmittelhandel, hatten nicht die Möglichkeit, uns in Sicherheit zu begeben." Keiner wusste, wie gefährlich dieses Virus war. Noch heute, über ein Jahr später, gibt es laufend neue Erkenntnisse. Als sich die ersten Gerüchte über den bevorstehenden Lockdown verbreiteten, gerieten viele Menschen in Panik. Sie deckten sich mit allem ein, wovon sie glaubten, es zu brauchen, von Lebensmitteln bis hin zu Medikamenten und Klopapier. Die wenigen Tage vor diesem Lockdown wurden in den Medien mit „Corona-Shopping und Hamstern" betitelt.

„Es war wie in einem Horrorfilm, Walking-Dead-mäßig", erzählt Stefan. Der Handel war auf diesen Ansturm nicht vorbereitet, schnell waren die Lager leergeräumt. Manche Regale konnten wochenlang nicht aufgefüllt werden, denn bei gewissen Warengruppen gab es Lieferschwierigkeiten, etwa bei Nudeln, Reis, Klopapier und Seife. „Die Kund*innen hatten dafür kein Verständnis, und manche Reaktionen waren extrem."

„Es war wie in einem Horrorfilm, Walking-Dead-mäßig."

Der Lebensmittelhandel versuchte schnell auf die Situation zu reagieren, bald gab es für den Kauf bestimmter Produkte eine Stückzahlbeschränkung. Diese Zeit war für die Mitarbeiter*innen in den Supermärkten sehr fordernd.

„Wenn du zwölf Stunden arbeitest, geht das an die Substanz. Ich hatte durchgehend die Maske auf, habe Ware eingeräumt und einsortiert." Das wirkte sich auf Stefans Privatleben aus. Die Erschöpfung machte es unmöglich, sich mit Freund*innen auf einen Spaziergang zu treffen. Er schränkte seine Kontakte komplett ein. Auch für gemeinsames Kochen oder Filmeschauen zu Hause mit seinem Freund fehlte ihm die Kraft.

Supermärkte sind nicht nur wichtig für die Lebensmittelversorgung der Menschen. Der Supermarktbesuch war für viele Menschen ein Grund, das Haus zu verlassen, vor allem während des ersten Lockdowns, als die Ausgangsbeschränkungen streng eingehalten wurden. „Es war wichtig für den Geisteszustand der Menschen. Es suggerierte Normalität in der Ausnahmesituation."

Um die Mitarbeiter*innen zu schützen, wurden bei den Kassen Plexiglaswände angebracht. „Wenn man abends die Wände reinigt, sieht man, wie viel Spucke an diesem Glas pickt“, erzählt Stefan und verzieht das Gesicht. Vor allem in der kurzen Zeit im Sommer 2020, als die Maskenpflicht, die im April eingeführt worden war, aufgehoben wurde.

Im Lebensmittelhandel gilt inzwischen wieder Maskenpflicht, einige Monate lang musste es eine FFP2-Maske sein, sowohl für Kund*innen als auch für Mitarbeiter*innen. „Manche wollen die Maske nicht aufsetzen. Wenn ich sie darauf hinweise, sagen sie: Ich habe kein Corona, oder: Ich will sterben. Es gab Ausreden bis zum Gehtnichtmehr.“

Sauberkeit gehörte für die Mitarbeiter*innen in den Filialen bereits vor Corona zum Arbeitsalltag, Hände und Oberflächen wurden immer schon desinfiziert.

„Was die Tätigkeit betrifft, gab es im Arbeitsalltag keine starken Veränderungen, nur im Verhalten der Kunden“, berichtet Stefan. Er kann das Verhalten mancher Kund*innen nicht nachvollziehen: „Die Leute desinfizierten den Griff vom Einkaufswagerl, aber im Supermarkt greifen sie alles an, öffnen Produkte und fangen zu essen an.“

Um die Anzahl der Kund*innen zu kontrollieren und den vorgegebenen Abstand sicherstellen zu können, musste jeder Kunde und jede Kundin ein Wagerl nehmen, auch wenn sie zum selben Haushalt gehörten. Auch dafür fehlte manchen Kund*innen das Verständnis. „Sie werden grantig und schimpfen: Sie brauchen nur ein Packerl Milch. Ich habe nicht das Recht, die Kunden rauszuwerfen oder sie zu zwingen, ein Wagerl zu nehmen. Die Kund*innen wissen, dass wir nicht auf dem gleichen Niveau stehen!“

„Es war wichtig für den Geisteszustand der Menschen. Es suggerierte Normalität in der Ausnahmesituation.“

Ich merke, wie sehr Stefan das mitnimmt. Seine Stimmlage verändert sich nicht. Sie bleibt leise, obwohl Wut und Enttäuschung herauszuhören sind. „Es wird immer über Solidarität und Zusammenhalt gesprochen, dass wir uns gegenseitig als Gemeinschaft und Gesellschaft schützen, aber Solidarität hört für viele beim Supermarkteinkauf auf. Unsere Arbeit wird nicht wertgeschätzt, und auch die Lebensmittel nicht. Kund*innen nehmen ein Brot und legen es irgendwohin, wir müssen es dann entsorgen, weil es schon angegrapscht wurde. Alle regen sich auf, dass viel weggeschmissen wird. Aber wenn eine Packung Milch drei Stunden herumliegt und die Kühlkette unterbrochen wurde, können wir sie nicht mehr spenden. Es liegt auch am Verbraucher selbst, einen respektvollen Umgang zu entwickeln."

Mitarbeiter*innen im Lebensmittelhandel gehören zu einer systemrelevanten Berufsgruppe. Das spiegelt sich aber nicht in der Impfstoffverteilung wider, denn Verkäufer*innen sind in Prioritätsgruppe 5. „Wenn man sagt, dass systemrelevante Berufe auch im Worst-Case-Szenario arbeiten müssen, im Impfplan aber weit hinten gereiht sind, fühle ich mich im Stich gelassen. Wir arbeiten an der Front. Manche sagen, man soll sich nicht darüber aufregen, aber man darf sich auch nicht alles gefallen lassen", sagt Stefan im schnellen Gehen, während uns kalter Wind entgegenbläst.

Das Problem beim Impfen sei, dass einerseits zu wenig Impfstoff produziert werde und andererseits die Verteilung nicht fair sei. Stefan wünscht sich nicht nur, dass Supermarktangestellte früher drankommen, sondern auch, dass Profitinteressen bei Herstellung und Verteilung des Impfstoffs keine Rolle spielen.

Wir verabschieden uns an einer Straßenecke. Ein paar Minuten später treffen wir uns wieder: an der Kasse eines Supermarkts.

„Es wird immer über Solidarität und Zusammenhalt gesprochen, dass wir uns gegenseitig als Gemeinschaft und Gesellschaft schützen, aber Solidarität hört für viele beim Supermarkteinkauf auf.“

ESSAY

Soma Ahmad – Politikwissenschaftlerin und Kolumnistin für das *Qamar*-Magazin

Leere Regale in den Supermärkten, lange Schlangen vor den Banken, die Straßen voller Menschen, bepackt mit ihren Hamstereinkäufen, Hubschrauber fliegen gelegentlich über den Köpfen. Die Luft ist zum Schneiden dick und droht einem die Kehle zuzuschnüren. „Jetzt fehlt nur noch die Sirene, dann ist alles wie damals", denken sich Lira und Raouf. Während sie einander sorgenvolle Blicke zuwerfen, versuchen sie, sich von der aufsteigenden Angst nicht lähmen zu lassen. Denn „damals", das war kurz bevor die Panzer in seine Straße eingefahren und Bomben über der Stadt abgeworfen worden sind. Aber wer Krieg erlebt und überlebt hat, erkennt Krisensituationen und weiß, was zu tun ist. So auch Raouf, Lira und ihre Kinder.

Gebannt hören sie zusammen die Nachrichten, warten auf Informationen und versuchen, mit möglichst viel Ruhe die nächsten Schritte anzugehen. Wenn aufgrund sprachlicher Barrieren nicht alles verständlich ist, werden die Kinder, Freund*innen oder einfach Google zurate gezogen. Im Zeitalter grenzenloser Kommunikation ist gerade diese Hürde noch am besten zu bewältigen. Also hält sich die Familie an die vorgegebenen Regeln. Panik oder Ungehorsam stellen keine Optionen dar, Respekt vor der aktuellen Lage ist das Gebot der Stunde. Außerdem sitzen hier zum ersten Mal wirklich alle im selben Boot – sowohl innerhalb des Landes als auch außerhalb, auch die Familie im Irak, wo zur selben Zeit ein Lockdown beschlossen wird. Gerade mit ihr gibt es regelmäßigen Austausch über die Maßnahmen, wissenschaftliche Erkenntnisse über das Virus, und einfach nur, um abzulenken und sich gegenseitig zu bestärken. Schließlich dominiert auch die Sorge über diese Familienmitglieder. Dass es Länder mit schlecht ausgestatteten Gesundheitssystemen besonders hart treffen wird, ist allen hier bewusst. Nur drei Tage nach Beginn des Lockdowns stirbt ein im Irak lebender Cousin von Lira am Coronavirus. „Bald wird jeder von uns jemanden kennen, der an Corona gestorben ist", schwört der österreichische Bundeskanzler herbei. Dieses „bald" hat für Raouf und Lira nur drei Tage gedauert. Den Ernst der Lage muss man ihnen also nicht erklären.

Glauben sie. Denn nur wenige Monate später schlägt die rassistische Politrhetorik, die kurzzeitig gänzlich ausgesetzt hatte, mit voller Wucht zu. Im Spätsommer werden Menschen, die angeblich über den Sommer auf „Heimaturlaub" gefahren sind, beschuldigt, das Virus „importiert" zu haben. Medial werden diese Worte immer und immer wieder zitiert, ohne auch nur ein einziges Mal das fehlende Krisenmanagement für die steigenden Infektionszahlen verantwortlich zu machen. Das in Österreich besonders beliebte Ausländer-Blamegame hatte also nur eine kurze Siesta eingelegt, und es schien, als hätte das ganze Land sehnsüchtig auf das Comeback des populärsten Sündenbocks gewartet. Für Raouf und Lira, die im Übrigen nicht einmal an Heimaturlaub denken konnten, bedeutete dies: noch mehr Disziplin, noch mehr anpassen, die eigenen Ängste noch mehr unterdrücken, noch weniger auffallen.

Im Frühjahr 2021 überschlagen sich die Schlagzeilen schon wieder: Es würden hauptsächlich Migrant*innen auf Intensivstationen liegen. Was das überhaupt bedeuten soll und welche Relevanz das hat, ist bis heute unklar. Es geht tatsächlich darum, diesen Menschen vorzuwerfen, sie würden sich nicht an die Regeln halten, dabei wird kein Klischee ausgelassen. Sogar die letzten seriösen Medien dieses Landes springen auf und arbeiten mit „Faktenchecks", führen Lokalaugenscheine durch, laden Wissenschaftler*innen ein, um zu „differenzieren". Wird die These widerlegt oder gar die Frage gestellt, warum so etwas überhaupt erst gesagt werden darf? Nein. Ein Jahr nach Ausbruch der Pandemie wird ernsthaft darüber diskutiert, dass Migrant*innen aufgrund mangelnder Sprachkenntnisse nicht verstanden hätten, worum es überhaupt gehe und wie wichtig daher das Einhalten der Regeln sei. Sogar der Fastenmonat Ramadan – den viele hier lebende Muslim*innen sehr einsam verbracht haben – wurde als Begründung genommen. (Absurd ist gerade Letzteres nicht nur, weil der Fastenmonat gegen Ende der dritten Welle stattgefunden hat, aber wen interessieren schon Fakten?)

Familien wie jene von Raouf und Lira, Menschen, die Notsituationen kennen, brauchen keine Sprache, um die Ernsthaftigkeit einer Situation wie dieser zu verstehen. Die Demut vor dem Leben und der Wille zu überleben prägen das Sein dieser Menschen, die über unterschiedliche Wege und in verschiedenen Kontexten nach Österreich gekommen sind. Viele dieser Menschen haben bereits in unterschiedlichen

Ausprägungen Ähnliches erlebt: Ausgangssperren, das Tragen von Mund-Nasen-Schutzmasken, Schutz in den eigenen vier Wänden. Das alles ist kein Novum. Dass aus diesen Erfahrungen nicht geschöpft wird, dass genau dies nicht als Gewinn und sogar Vorteil gesehen wird, ist das eigentliche Versäumnis. Es sind übrigens auch diese Erlebnisse, die viele Menschen mit Migrationserfahrung bewegen, in die prekäre Sozial- und Sorgearbeit zu gehen oder gerade auch im Zuge der Pandemiebewältigung tatkräftig ehrenamtlich anzupacken. Das wäre die einzig richtige Schlagzeile gewesen. Alles andere bleibt ein kräftiger Schlag in die Magengrube jener Menschen, die mit viel Disziplin und Stärke ihre eigenen Ängste, Sorgen und Traumata hintangestellt haben, um das Wohl der Gemeinschaft aufrechtzuerhalten.

Mohammad, 21
Freiwilliger Sanitäter beim Roten Kreuz

Mohammad und ich sind an einem Sonntag im März 2021 zu einem Whatsapp-Gespräch verabredet. Meine Mama muss weg, und so bleibe ich bei meiner siebenjährigen Schwester, die mucksmäuschenstill neben mir sitzt, malt und zuhört. Immer wieder schaut sie auf das Aufnahmegerät, ob es alles aufnimmt. Bei meinem Anruf hebt Mohammad sofort ab. Seine Stimme klingt klar, aber müde.

Vor fünf Jahren, er war damals 16, kam er alleine aus Afghanistan nach Österreich. In Wien meldete er sich bei der Polizei, die schickte ihn ins Erstaufnahmelager Traiskirchen, wo er zwei Monate blieb. Um sich verständigen zu können, bemühte er sich sehr, schnell Deutsch zu lernen. Anschließend kam er nach Salzburg, wo er nun alleine in einer Wohnung wohnt. Derzeit ist er in seinem dritten Lehrjahr als Zerspanungstechniker, erzählt er mir. Ich unterbreche ihn, denn diese Berufsbezeichnung habe ich noch nie zuvor gehört, und lasse mir das Wort von ihm buchstabieren. Zerspanungstechniker produzieren hauptsächlich Bau- und Maschinenteile und sind für Wartungs- und Reparaturarbeiten zuständig, finde ich heraus. Mohammad macht eine Lehre mit Matura, Englisch hat er bereits bestanden, für Mathe nimmt er am Online-Unterricht teil.

Durch den Sohn seiner Patenfamilie in Österreich, die er durch die Kinder- und Jugendanwaltschaft kennengelernt hat, ist Mohammad zum Jugendrotkreuz gekommen. Er beschloss, die Ausbildung zum Rettungssanitäter zu machen, denn: „In Afghanistan erlebte ich viele Situationen, wo Menschen Hilfe gebraucht hätten, aber es waren keine Helfer da. Ich habe Anschläge und viele verletzte Menschen gesehen. Mir fehlte das Wissen, um richtig zu reagieren, aber ich hatte auch große Angst um mein eigenes Leben.“

„In Afghanistan erlebte ich viele Situationen, wo Menschen Hilfe gebraucht hätten, aber es waren keine Helfer da.“

Auch auf seinem Weg nach Europa sind ihm immer wieder die Sanitäter*innen aufgefallen, die die Menschen auf ihrem Weg mit Essen, Wasser und medizinisch versorgten. „Ich wusste: Wenn ich in einem sicheren Land ankomme, möchte ich dieser Organisation beitreten, um anderen Menschen zu helfen.“ Vor drei Jahren hat Mohammad seine Ausbildung abgeschlossen und fährt seitdem mindestens dreimal im Monat mit – ehrenamtlich.

Ein Dienst dauert von 18 Uhr abends bis 6 Uhr Früh. Mohammad darf früher gehen, da seine Lehre bereits um 6 Uhr anfängt. Pro Einsatz werden zwei Personen eingeteilt, ein*e Transportfahrer*in (der/die Sanitäter*in mit Führerschein, der/die am Steuer des Einsatzfahrzeugs sitzt) und ein*e Transportführer*in (der/die Sanitäter*in, der/die die Hauptverantwortung trägt und die Gruppe leitet). Manchmal setzt sich ein*e Praktikant*in dazu. „An Tagen, wo ich müde bin oder das Gefühl habe, unkonzentriert zu sein, fahre ich als Praktikant mit, sonst immer als Transportführer, da trage ich die Verantwortung“, erzählt Mohammad.

Vor Corona ging es bei den meisten Notrufen um Auto- oder Haushaltsunfälle. „Nun haben sich die Einsätze gefühlt verdoppelt“, erzählt Mohammad. Darunter sind viele Corona-Verdachtsfälle oder Anrufe von Patient*innen, die an Corona-Nebenwirkungen leiden, wie Atemnot, starke, stechende Schmerzen in der Brust und Depression.

Die Anrufe wegen häuslicher Gewalt und Streitereien in Familien nehmen ebenfalls rasant zu. „Manchmal wollten sich Menschen auch das Leben nehmen, weil sie ihren Job verloren haben oder die Einsamkeit nicht mehr ertragen.“ Diese Einsätze gehen Mohammad nah. „Wir müssen gut zuhören, auf die Patienten eingehen. Wenn ich mir ihre Geschichten anhöre, ergreift es mich.“ Vor allem im Winter 2020 kam es zu vielen solchen Einsätzen.

Um nicht zu sehr ins Grübeln zu kommen, hält sich Mohammad beschäftigt, entweder vertieft er sich ins Lernen, trifft sich mit Freunden oder holt sein Handy raus und spielt. Obwohl es ein psychologisches Betreuungsangebot für Sanitäter*innen gibt, hat Mohammad es nie in Anspruch genommen, verrät er mir.

Bei jedem Anruf werden die Beschwerden abgefragt. Wenn Husten, Fieber, Atembeschwerden oder Kopfschmerzen erwähnt werden, wird der Anrufer als Corona-Verdachtsfall eingestuft, und Mohammad muss beim Einsatz eine Schutzausrüstung tragen, die ihn von Kopf bis Fuß bedeckt. „Es ist sehr heiß, ich schwitze, und die Kommunikation ist schwierig. Ich muss schreien, weil mich die Patient*innen sonst nicht hören.“ Den Patient*innen werden genaue Fragen gestellt, um feststellen zu können, ob es sich wirklich um Corona handelt. Symptome, der Kontakt zu infizierten Bekannten, unternommene Reisen, alles wird nach einem Fragenkatalog abgefragt und dokumentiert.

„Manche Patient*innen antworten unehrlich und bringen uns damit in Gefahr. Im Krankenhaus ändern sie dann ihre Antwort, wenn der Arzt kommt.“

Dem Nachtdienst stehen sechs Krankenwägen zur Verfügung, einer wurde für Corona-Patient*innen vorbereitet. Er wurde mit zusätzlichen Geräten ausgestattet, und alles ist mit Plastik abgedeckt. Nach jedem Transport wird der Wagen komplett desinfiziert, und die Sanitäter*innen müssen sich abduschen, was mehr Zeit kostet. „Ich hatte anfangs schon Angst, dass der Patient irgendetwas anfasst und wir diese Stelle beim Desinfizieren vergessen."

Mohammad schweigt kurz, dann sagt er: „Aber ich habe weniger Angst vor Corona als davor, abgeschoben zu werden. Wenn ich höre, dass die Regierung Lehrlinge abschiebt, bekomme ich Panik."

Mohammad hat sich hier in Österreich ein neues Leben aufgebaut, während er auf seinen Asylbescheid wartet. Nach Afghanistan zurückzugehen ist für ihn keine Option, da er dort keine Zukunft sieht. Mohammad teilt mir seine Angst mit: Vor kurzem kam ein Bericht über den 22-jährigen Abdullah Hossaini, der, so wie Mohammad, aus Afghanistan geflüchtet war. Er absolvierte in Tirol seine Lehrausbildung zum Restaurantfachmann, und obwohl sich sein Arbeitgeber und die Gemeinde für sein Bleiben einsetzten, drohte ihm die Abschiebung.

„Ich bin glücklich, dass ich in diesen schwierigen Zeiten für andere Menschen da sein kann."

Solche Nachrichten lassen auch Mohammad um seine Zukunft zittern. „Weißt du ... Wenn man Gutes tut, dann ist es ein Nachteil, weil sie sagen, ich kann mir in Afghanistan auch etwas aufbauen. Wenn man etwas Schlechtes tut, dann ist es sowieso ein Nachteil. Ich weiß nicht, was ich machen soll."

In Österreich bleiben zu dürfen und Informatik zu studieren, ist Mohammads großes Ziel. An die Gesellschaft hat er vor allem einen Wunsch: dass er respektvoll behandelt wird. „Manchmal reagieren die Patient*innen komisch auf mich, wenn sie merken, ich bin Ausländer. Sie hören dann auf mit mir zu sprechen." Er versuche dann, ihr Verhalten zu ignorieren und seine Arbeit weiterzumachen, doch verletzend sei es trotzdem.

Ich kann das gut nachempfinden, man muss sich eine dicke Haut wachsen lassen, an der diese Verletzungen abprallen.

„Ich bin glücklich, dass ich in diesen schwierigen Zeiten für andere Menschen da sein kann", sagt Mohammad zum Schluss und verabschiedet sich. Wir legen auf. Sofort kriege ich von meiner Schwester einen Pinsel in die Hand gedrückt.

„Ich habe weniger Angst vor Corona als davor, abgeschoben zu werden.“

Katrin, 28
Ergotherapeutin

An einem der ersten richtig heißen Tage im Frühjahr 2021 treffe ich Katrin um 10 Uhr morgens vor dem Museumsquartier. Ich bin noch mit Winterjacke und Schal unterwegs, doch als ich aus der U-Bahn steige, ziehe ich sie sofort aus und stopfe sie in meinen Stoffbeutel. Wir setzen uns auf eine sonnige Bank gegenüber dem Leopold-Museum. Katrin lehnt ihr Fahrrad an die Bank neben uns. Ich habe das Museumsquartier noch nie so leer gesehen.

Bevor ich Katrin kennenlernte, wusste ich nicht so genau, was Ergotherapeut*innen eigentlich tun. „Die wenigsten Menschen haben eine Vorstellung davon, was ich mache. Das liegt wahrscheinlich daran, dass Ergotherapie sehr vielseitig ist und in der österreichischen Gesellschaft nach wie vor wenig bekannt", sagt Katrin. In ihrer Arbeit geht es darum, den Patient*innen, die durch Krankheit, Verletzung oder Operation in ihrer Handlungsfähigkeit eingeschränkt oder von einer Einschränkung bedroht sind, dabei zu helfen, ihren Alltag wieder selbstständig bewältigen zu können. Dabei kommen motorische, sensorische, kognitive und psychische Behandlungen und Hirnleistungstraining zur Anwendung. Katrin arbeitet hauptsächlich mit Schlaganfallpatient*innen, seit März 2021 in einem Therapiezentrum in Liesing, davor in einem Spital in Ottakring.

Den ersten Lockdown im März 2020 hat sie noch gut in Erinnerung: „Es war ziemlich schräg: Alle bleiben zu Hause, keiner verlässt das Haus, und ich gehe auf die Straße, setze mich in die leere U-Bahn und fahre in die Arbeit. Es war gruselig." Im Herbst 2020 wurde ihre Station, auf der ca. 25 Patient*innen betreut wurden, geschlossen, weil das Personal auf der Covid-Station gebraucht wurde, vor allem die Pfleger*innen. „Ich bewundere, was Pfleger*innen alles leisten. Was sie zurückbekommen – das Entgelt – steht in keiner Relation dazu", meint Katrin, die selbst täglich mit acht bis zehn Patient*innen intensiv arbeitet. Sie stützt sie, zeigt ihnen Übungen und ist mit ihnen bis zu einer Stunde im selben Raum. Bevor FFP2-Masken im Jänner 2021 breit verfügbar wurden, hatte sie nur OP-Masken und manchmal Brillen zu ihrem Schutz.

Als ihre Station geschlossen wurde, wurden die Patient*innen auf andere Stationen verteilt und möglichst bald wieder entlassen. Katrin sieht das als nicht unproblematisch: „Es ist schon fragwürdig. Schlaganfall-Patient*innen brauchen eine intensive Nachbetreuung und Rehabilitation", sagt sie besorgt. Bei einigen Patient*innen konnte Katrin die Therapie nicht weiterführen. Sie wurde in den ambulanten Bereich versetzt, wo entlassene Patient*innen von zu Hause zu ihr kommen konnten. Doch das wurde nicht von allen in Anspruch genommen: „Viele meiner Patient*innen trauen sich nicht raus, weil sie die Öffis nehmen müssen. Oder sie haben Angst, sich im Spital, bzw. jetzt im Therapiezentrum, mit Covid-19 anzustecken. Doch wenn sie die Therapie nicht machen, gerät ihnen das zum Nachteil." Bei jedem*r Patient*in dauert die Therapie unterschiedlich lang, von wenigen Wochen bis zu mehreren Monaten.

„Durch den Wegfall der Betreuungsangebote sind Menschen mit körperlichen und psychischen Einschränkungen zu Hause vereinsamt, nicht klargekommen und haben dadurch Depressionen, Ängste und Sorgen entwickelt."

Trotz aller Umstellungen, die im Team teilweise zu Frust und Zerrissenheit führten, freut sich Katrin, dass sie Arbeit hat: „Es gab mir ein bisschen Normalität. Wir haben zusammengehalten, und meine Arbeitskollegen*innen sind super!"

Als Schutzmaßnahme wurden im Therapiezentrum Luftbefeuchter in den Räumen aufgestellt. „Angeblich verbreitet sich Covid bei hoher Luftfeuchtigkeit weniger schnell", erklärt Katrin, die von der Schutzwirkung nicht ganz überzeugt ist: „Scheint mir absurd zu sein, aber okay", sagt sie lächelnd und zuckt mit den Schultern.

Für die Logopädie wurden Plexiglasscheiben angebracht, denn bei der Sprachtherapie ist es wichtig, die Mundbewegungen genau beobachten zu können.

Es wird auch Teletherapie angeboten und durchgeführt. Das funktioniert für kognitives Training ganz gut, ist aber nicht für alle Patient*innen die passende Lösung. Manche sind mit der Technologie überfordert und haben niemanden, der ihnen alles einrichten und erklären kann. „Durch die langen Behandlungspausen geht der Fortschritt verloren, das merkt man oft nicht sofort, sondern erst später im Lauf der Zeit", erklärt Katrin.

Was sie ebenfalls bemerkt, ist die zunehmende psychische Belastung der Patient*innen. „Ich habe vielen Patient*innen psychotherapeutische Behandlung empfohlen. Durch den Wegfall der Betreuungsangebote sind Menschen mit körperlichen und psychischen Einschränkungen zu Hause vereinsamt, nicht klargekommen und haben dadurch Depressionen, Ängste und Sorgen entwickelt."

Auch auf die Therapeut*innen ist der Druck gestiegen. „Immer wieder poppten Corona-positive Fälle auf. Mitarbeiter*innen mussten in Quarantäne, und die Liste der Patient*innen, die ich betreue, verdoppelte sich, ich konnte sie nicht immer abarbeiten."

Gerade bei Kolleg*innen mit Kindern beobachtete Katrin, wie schwierig die Situation während des ersten Lockdowns im Frühling 2020 war. Es gab viele Unklarheiten bezüglich Schul- und Kindergartenöffnung. „Das System müsste ihnen mehr unter die Arme greifen, vor allem in Sachen Kinderbetreuung“, meint Katrin.

Ergotherapeut*in ist ein Beruf, der vor allem vor allem von Frauen ausgeübt wird. In Katrins 15-köpfigem Team im Therapiezentrum arbeitet nur ein Mann. Auch im Spital war es nicht anders. „Die Gesundheits- und Sozialberufe werden hauptsächlich von Frauen getragen, sind körperlich wie psychisch anstrengend und oft schlecht bezahlt. Wenn sich daran nichts ändert, wird es zukünftig noch mehr Personalmangel geben.“

„Wir brauchen kein Denkmal wie in Lettland, Klatschen bringt's auch nicht, das senkt den Stresspegel nicht!“

Katrins Appell an die Politik ist, diese Berufe durch finanzielle Vergütung aufzuwerten, und nicht nur durch eine Gefahrenzulage. „Wir brauchen kein Denkmal wie in Lettland, Klatschen bringt's auch nicht, das senkt den Stresspegel nicht!“

Ein weiteres Problem ist die starre hierarchische Struktur, die es vor allem in Spitälern gibt. Durch den Personalmangel entstehen Überstunden, die erst genehmigt werden müssen, und dieser bürokratische Aufwand nimmt noch mehr Zeit in Anspruch. „Wir stecken viel Herzblut hinein, und vieles wird auf eigene Faust gemacht. Sei es mit dem eigenen Auto zu einem Hausbesuch zu fahren, ohne Rückerstattung der Fahrtkosten, oder das Längerbleiben, um die therapeutische Dokumentation abzuschließen. Das scheint nirgends auf.“

Kurz vor dem zweiten Lockdown beschloss Katrin, mit ihrem Freund zusammenzuziehen, vorher wohnte sie allein. „Es hat einiges erleichtert zu wissen: Ich komme aus der Arbeit, und es ist jemand da. Ich konnte mich von den Corona-Themen ablenken."

Trotzdem fehlt Katrin der Ausgleich zur Arbeit, vor allem den Winter 2020 empfand sie als große Belastung. „Ich habe das Gefühl, ich wurde faul und lustlos." Wir verweilen noch für einige Minuten auf der Bank und genießen die Sonnenstrahlen.

Ahmad, 29
Lagerarbeiter

Nach mehreren gescheiterten Anläufen, einen gemeinsamen Termin zu finden, beschließe ich eines Nachmittags einfach spontan, Ahmad anzurufen, um unser Gespräch zu starten.

Seit drei Jahren arbeitet Ahmad in einem Lager außerhalb Wiens als Staplerfahrer. Wenn er mit seinem Kollegen die gleiche Schicht hat, kann er mit ihm im Auto hinfahren, sonst ist er auf öffentliche Verkehrsmittel angewiesen. „Mit den öffentlichen Verkehrsmitteln brauche ich zwei Stunden und muss das letzte Stück zu Fuß gehen, das dauert 30 Minuten", erzählt er. Pro Schicht sind drei bis vier Mitarbeiter eingeteilt. Diese dauert eigentlich acht Stunden, geht aber öfters länger, bis zu zwölf Stunden. Nach einer Woche Tagschicht hat Ahmad die Woche darauf Nachtschicht, und so wechselt es sich regelmäßig ab. Es ist ein körperlich anstrengender Beruf. „Wenn ich nach Hause komme, kann ich nichts machen, so k.o. bin ich", sagt Ahmad.

Während andere im ersten Lockdown zu Hause bleiben konnten, fuhr Ahmad durch die Stadt. „Die leeren U-Bahnen haben mir nicht gefallen. Keiner war da. Die Stadt war wie ausgestorben." In der Arbeit wurden bald die ersten Maßnahmen eingeführt, der Abstand zwischen den Mitarbeiter*innen wurde angepasst, und Maskenpflicht wurde angekündigt. Weiters sollten die Lagerarbeiter*innen Handschuhe tragen.

Im Lager werden Pakete und Lieferungen entgegengenommen. Transporter mit Ware aus der ganzen Welt und auch aus

Ländern, die bereits im harten Lockdown waren, wie China, Italien und Spanien, kamen im Lager an. Die Mitarbeiter*innen packten die Ware aus, schauten sie sich an und stapelten sie um. Manches bleibt für längere Zeit im Lager, andere Pakete werden gleich weiterverschickt. „Als ich sah, dass die Ware aus Italien kommt, hatte ich Angst und versuchte sie nicht anzufassen, denn in den Nachrichten hieß es, das Coronavirus kann bis zu mehreren Wochen auf den Oberflächen bleiben", erzählt Ahmad. „Ich habe mir ständig die Hände gewaschen und desinfiziert, aber vom Desinfektionsmittel bekam ich ziemlich bald einen Ausschlag. Jetzt kann ich es nicht mehr verwenden." An die Mund-Nasen-Schutz-Pflicht hält sich Ahmad streng, obwohl sie ihm die körperlich anstrengende Arbeit erschwert. Wenn er einen langen Tag hat, sind in seinem Gesicht die Abdrücke der Maske zu sehen.

Ende März 2020 wurde im Lager angekündigt, dass alle Mitarbeiter*innen in Kurzarbeit geschickt werden. Ahmad verstand nicht, was das genau bedeutete, denn seine Arbeitsstunden änderten sich nicht, nur sein Gehalt. Es traf ihn hart, denn mit dem Gehalt, das er durch die Kurzarbeit bekam, war es schwer, weiterhin seine Fixkosten zu decken. Einige Wochen lang gingen die Lieferungen zurück, bis sie wieder zunahmen und der Arbeitsdruck somit auch. Dadurch, dass der Handel geschlossen war, bestellten viele Menschen online, ob Bücher, Kleidung oder elektronische Geräte. Die Firma hob die Kurzarbeit nach drei Monaten auf.

„Als ich sah, dass die Ware aus Italien kommt, hatte ich Angst und versuchte sie nicht anzufassen."

„Ich gebe mir sehr viel Mühe als Ausländer und habe meine Gesundheit und mein Wohlbefinden aufs Spiel gesetzt. Es ist mein Recht, mir Sorgen zu machen, oder? Darf ich das sagen, ohne Angst haben zu müssen, meinen Arbeitsplatz zu verlieren?“, blickt mich Ahmad fragend an. Die ganze Unterhaltung hindurch spüre ich den Zwiespalt in Ahmads Aussagen. Nach jeder Kritik betont er, wie froh und dankbar er ist, den Job zu haben. Er kriege für die harte Arbeit nur wenig bezahlt, aber nach ein paar Sätzen sagt er, es sei okay, besser im Lager zu arbeiten, als zu Hause zu sitzen. Er höre rassistische Kommentare von Arbeitskollegen, doch auch das sei okay, denn sie meinen es als Spaß. Er arbeitet mehr, als er müsste, aber auch das sei okay, denn vielleicht sehe sein Chef, wie bemüht er ist, und werde ihm eine Gehaltserhöhung geben. Ahmad hat weniger Angst vor dem Coronavirus als davor, seinen Job zu verlieren.

„Ich gebe mir sehr viel Mühe als Ausländer und habe meine Gesundheit und mein Wohlbefinden aufs Spiel gesetzt. Es ist mein Recht, mir Sorgen zu machen, oder?“

Er hörte, dass sich in anderen Firmen die ganze Belegschaft mit Corona ansteckte. In seiner Firma war das zum Glück nicht der Fall.

Seine privaten Kontakte zu Freunden und Verwandten hat Ahmad komplett eingeschränkt, nur über lange Telefonate und Videocalls versucht er, sich an ihren Leben zu beteiligen. Er wohnt in einer Männerwohngemeinschaft und hat sechs Mitbewohner. „Fast alle meiner Mitbewohner wurden durch Corona arbeitslos, und der Frust ist zu spüren. Es kommt öfters zu Streitereien und Missverständnissen“, verrät mir Ahmad. Zu sehen, wie die anderen sich mit ihren Zukunftsängsten herumschlagen, drückt auch auf seine Stimmung. Seit Monaten sucht er nach einer eigenen Wohnung, doch auch da wurden viele Besichtigungstermine abgesagt. „Vor Corona war es auch schwer am Wohnungsmarkt, nachdem ich mich mit Vermietern einigte, wurde ich abgelehnt, als sie meine Papiere sahen“, sagt Ahmad, ohne verärgert zu wirken.

Er wünscht sich, dass das Wohnungsangebot in Österreich ausgebaut wird und dass es mehr leistbare Wohnungen gibt, die für Menschen, die neu nach Österreich gekommen sind, genauso zugänglich sind. Doch als Forderung an die Politik traut er sich das nicht zu formulieren. „Ich bin glücklich hier und will mich nicht beschweren", sagt er abschließend. Ganz glauben kann ich ihm nicht. In seiner Stimme höre ich viele Sorgen, aber auch Resignation. Am Ende bittet er mich, seinen Namen in Ahmad zu ändern, und verabschiedet sich.

Wer Wohnraum mieten muss, ist stärker armutsgefährdet

Von allen Gemeindewohnungsmieter*innen sind auch nach Sozialleistungen 29 Prozent armutsgefährdet. Die Corona-Krise ist nicht zur Gänze berücksichtigt, da der Befragungszeitraum mit Juli 2020 endete.

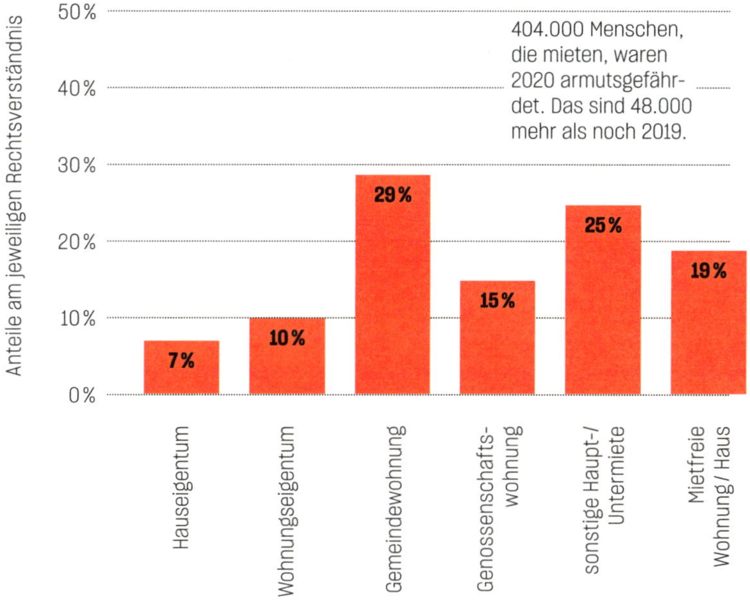

KOMMENTAR

Brigitte Theißl – Journalistin und Erwachsenenbildnerin

Rund die Hälfte der Kranken- und Pflegekräfte in Österreich denkt darüber nach, den Job zu wechseln – so das Ergebnis einer repräsentativen Studie Anfang Juni 2021. Das Corona-Jahr hat die Beschäftigten schlichtweg an die Grenze der physischen und psychischen Belastbarkeit gebracht: Stress, Ängste, Sorgen und Schlaflosigkeit sind die Folgen.

Doch die Erschöpfung dieser „Systemheld*innen" folgt keinem Naturgesetz: Krankenpfleger*innen kritisieren vorrangig zu wenig Lohn für die hochanspruchsvolle Tätigkeit, zu wenig Wertschätzung und chronischen Personalmangel. Ein paar Schachteln Pralinen und zunehmend verstummender Applaus reichen nicht aus als Anerkennung für all die Menschen, die uns durch die Krise getragen haben. Eine Neubewertung von Arbeit – auch der unbezahlten – ist längst überfällig. Denn die Pandemie demonstriert die brutale Logik des neoliberalen Kapitalismus in aller Deutlichkeit: Just jene Menschen, die gesellschaftlich unverzichtbare und wertvolle Arbeit leisten – ob als Reinigungskraft im Krankenhaus, als Kindergartenpädagog*in, als Altenpfleger*in oder Paketzusteller*in – arbeiten meist unter miesen Bedingungen, während globale Konzerne wie Amazon im vergangenen Jahr Rekordgewinne verzeichneten. Es sind Branchen, in denen besonders viele Frauen und Migrant*innen arbeiten – „Leistungsträger*innen", die für gewöhnlich nicht mit diesem Stempel versehen werden. Viel zu selten lesen und hören wir ihre Geschichten, umso wichtiger sind Bücher wie dieses.

In besonders drastischer Form ließ sich die Konsequenz unserer Klassengesellschaft aber auch an den Todeszahlen ablesen. Zwei Studien des deutschen Robert-Koch-Instituts belegen, dass das Risiko, an Covid-19 zu erkranken oder auch zu sterben, an den sozialen Status geknüpft ist. So wurden in sozial benachteiligten Regionen weitaus mehr Sterbefälle verzeichnet als in wohlhabenden.

Widerstand regt sich. Ob gewerkschaftliche Kämpfe, feministische Revolten oder Nachbarschaftsprojekte, die allerorts im Kleinen umverteilen: Viele Menschen bauen Schritt für Schritt an einer Gesellschaft, die das gute Leben für alle und damit auch die Care-Arbeit ins Zentrum stellt. Es ist die Vision eines solidarischen Zusammenlebens, das menschenwürdige Arbeitsbedingungen und Anerkennung für alle bietet und auch jene sichert, die keiner Erwerbsarbeit nachgehen können oder wollen. Das Zeit und Raum schafft für politische Debatten und Beziehungsarbeit, statt einer unerbittlichen Konkurrenzlogik zu folgen.

So ungreifbar diese Vision inmitten einer globalen Krise auch erscheinen mag: umso dringlicher gilt es, das Ziel nicht aus den Augen zu verlieren.

Ali, 25
Fahrradbote bei einem Essenslieferdienst

Es ist sonnig, fast schon zu heiß. Die Straßenbahn fährt wegen eines Stromausfalls nicht, also komme ich zu spät zu meinem Interviewtermin mit Ali. Er wartet im Votivpark auf mich, unter einem Baum, im Schatten. Ein Freund begleitet ihn, wir sitzen auf der Wiese, er in einem braunen Hemd und Sportschuhen. Immer wieder werden ein paar Wassertropfen vom Wind zu uns geweht, da ein Teil der Wiese gegossen wird.

Ali arbeitete in unterschiedlichen Berufen, als Mechaniker, Kellner, und seit zweieinhalb Jahren fährt er Essensbestellungen durch Wien. „Ich nehme jede Arbeit an, um mir irgendwie eine Zukunft aufzubauen“, sagt er. Fahrradfahren ist für ihn ein Hobby, und sportlich ist er auch.

„Ich dachte, im Fahrradlieferdienst zu arbeiten, ist einfach und braucht keine Ausbildung“, erzählt er später. Wie viele Stunden er am Tag und an welchen Tagen er arbeiten möchte, kann er selbst bestimmen. Er ist freier Dienstnehmer, hat daher kein Anrecht auf Krankenstand, bezahlten Urlaub, 13. und 14. Gehalt, und es gibt keinen Karenzanspruch. Ali muss selbst für seine Steuer und seine Sozialversicherung aufkommen. Im Winter arbeitete er bis zu zehn Stunden am Tag, manchmal sieben Tage die Woche. Im Sommer trägt er sich für weniger Dienste ein und arbeitet vier bis fünf Tage die Woche. „Da ist auch weniger los“, betont er. Die Fahrer*innen sind zwischen 8 Uhr und 24 Uhr unterwegs. Pro Bestellung bekommt er im Unternehmen, für das er arbeitet, ca. vier Euro.

Zu Beginn der Panemie haben sich einige Fahrer*innen abgemeldet. „Auf den Straßen hatte ich abends Angst zu fahren. Es war dunkel, und die Stadt war leer", sagt Ali. Auch der Druck stieg, da mehr Menschen nach Hause bestellten. „An manchen Tagen musste ich bis zu acht Bestellungen gleichzeitig tragen und ausliefern. Normalerweise sind es nur drei. Ich konnte die Bestellungen kaum tragen, so voll war mein Rucksack. Manches Essen wurde dann kalt oder fiel um, weil es keinen Platz hatte", erzählt Ali. Das änderte sich dann, da viele Studierende und andere, die ihre Jobs beispielsweise in der Gastronomie verloren hatten, sich als Fahrer*innen anmeldeten. Das Unternehmen kümmerte sich auch wenig um den Schutz der Fahrer*innen. „Wir mussten uns selbst mit Maske und Desinfektionsmittel ausstatten", ergänzt Ali. Die Arbeit in diesen Monaten war für ihn eine körperliche und psychische Belastung. „Ich konnte nicht wissen, ob die Kund*innen Corona hatten. Ich wusste nur, dass es hochansteckend ist", sagt er.

„Auf Wiens Straßen würde man fünf Augen auf jeder Seite brauchen, um rundherum zu sehen. Überall lauert Gefahr."

Die Essenslieferdienstanbieter bot seinen Kund*innen an, „kontaktlos" zu bestellen. Ali und seine Kolleg*innen stellten das Essen vor die Tür und gingen nach dem Klingeln. So blieb das Trinkgeld aus, das einen erheblichen finanziellen Unterschied ausmacht. Die neuen gesetzlichen Bestimmungen, die die Pandemie betreffen, wurden den Essenslieferanten durch einen Teamleiter kommuniziert. Was sich während Corona 2020 auch veränderte, ist dass viele Restaurants die Fahrer*innen draußen in der Kälte warten lassen mussten, obwohl sie keine Besucher*innen hatten.

An manchen Wintertagen im Jahr 2020 ist Ali 130 Kilometer gefahren, trotz Regen und Schnee. Ali und seine Kolleg*innen verwenden ihre eigenen Fahrräder, vom Unternehmen bekommen sie nur einen Helm und eine Regenjacke. „Gestern nach der dritten Bestellung ist mein Reifen geplatzt, ich musste mich vom Dienst abmelden und das Rad zur Reparatur bringen. Die Kosten muss ich selber tragen", erzählt Ali. Bei Unfällen müsste er sich ebenfalls vom Dienst abmelden, bis er wieder genesen ist. Sein Freund und ich schauen ihn erstaunt an. Der Freund fällt ihm gleich ins Wort und fragt, ob das gesetzlich legal sei.

Einige Male wurde Ali von der Polizei aufgehalten, er wurde kontrolliert, und sein Fahrrad wurde überprüft. „Ich habe das Gefühl, uns vom Essenslieferdienst halten sie gern auf. Ich versuche zu schauen, dass meinem Fahrrad nichts fehlt", sagt Ali. Die Information dazu bekam er von einem netten Polizisten, der ihn wegen eines fehlenden Reflektors anhielt. „Der Polizist zeigte mir eine Website, wo ich mich informieren kann. Ich hatte keine Ahnung", sagt Ali.

„Auf Wiens Straßen würde man fünf Augen auf jeder Seite brauchen, um rundherum zu sehen. Überall lauert Gefahr. Eine Autotür, die plötzlich aufgeht, eine Person, die über die Straße läuft, eine Straßenbahn, die plötzlich stehen bleibt", erzählt Ali. Die meisten Bestellungen bringt er in den 6. und 7. Bezirk. „Am gefährlichsten sind für mich der 16., 7., 3. und 10. Bezirk, es ist lebendig dort. Da muss man mit 3.000 Prozent Konzentration fahren", erklärt mir Ali. Über Wiens Regeln für Radfahrer*innen wurde Ali mit seinen Kolleg*innen in der kurzen Einschulung nicht aufgeklärt, dort ging es vor allem um die Behandlung der Kund*innen. „Der Kunde ist der König, auch wenn er unhöflich und gemein ist", fasst Ali zusammen.

„Viele behandeln uns nicht gut, sehen unsere Arbeit als minderwertig an."

Oft muss Ali mit Kund*innen diskutieren, wenn sich eine Bestellung verspätet oder kalt ankommt, oder wenn er den

Aufzug statt der Treppe verwendet, um in den 5. Stock zu kommen. „Viele behandeln uns nicht gut, sehen unsere Arbeit als minderwertig an. Ich sage Guten Appetit, und sie schlagen mir die Tür vor der Nase zu“, sagt Ali betrübt. „In solchen Momenten bin ich kurz davor zu kündigen. Aber ich habe keine Wahl, denn viele Jobs gibt es derzeit nicht“, fügt er hinzu. Den Fahrer*innen wurde vom Unternehmen nahegelegt, sich bald impfen zu lassen, doch ohne sie dabei zu unterstützen. „Ich wünsche mir von der Politik, dass sie uns Fahrer*innen als Arbeitnehmer*innen schützen“, sagt Ali.

Seit Anfang 2020 gibt es einen Kollektivvertrag für Fahrradbot*innen, dieser hilft aber den Selbstständigen nicht. Daher versucht die Gewerkschaft VIDA mit anderen Institutionen Druck auf die Essenslieferdienste auszuüben, um die Arbeitsbedingungen zu verbessern.

Wenn Ali längere Schichten macht, so muss er höhere Sozialversicherungs- und Steuerbeiträge zahlen. „Manchmal habe ich das Gefühl, die Politik hat die Gesetze so gemacht, als ob es nur Angestellte gäbe, und der Rest soll schwarzarbeiten“, fügt er hinzu.

Wir sitzen noch ein bisschen in der Sonne, und tatsächlich habe auch ich manchmal das Gefühl, dass es für Selbstständige hier in Österreich nicht so einfach ist.

Objektive körperliche und psychosoziale Arbeitsbelastungen

Die ungleiche Bezahlung und in weiterer Folge ungleiche soziale Absicherung von vielen der sogenannte systemrelevanten Beschäftigten steht im Widerspruch zu den hohen Arbeitsbelastungen, denen diese Menschen in ihrer Arbeit ausgesetzt sind.

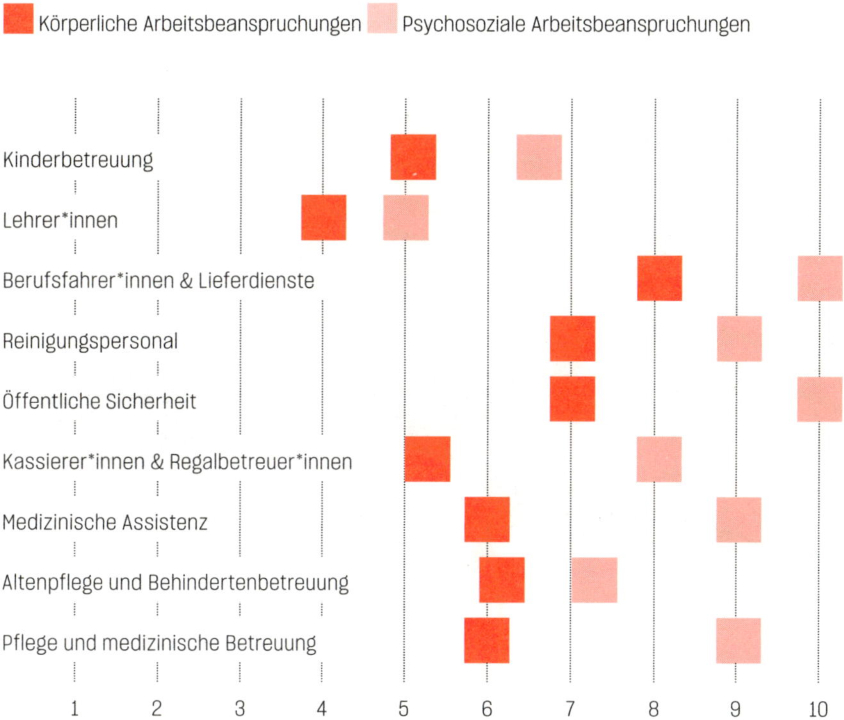

Ani, 59
Pflegeassistentin im Altersheim

Ani empfängt mich bei sich zu Hause, ihre Tochter Samira setzt sich zu mir. Das Fenster ist weit offen, und ein Ventilator trocknet meinen Schweiß. Wir trinken indischen Tee und essen eine süße Kleinigkeit, die Ani vorbereitet hat. Samira ist gerade aus der Arbeit zurückgekommen, sie ist bei einer Firma beschäftigt, die täglich von Ort zu Ort fährt und Mitarbeiter*innen von Unternehmen oder Menschen in kleinen Gemeinden auf das Coronavirus testet. Ihre Mutter setzt sich nun zu uns, holt ein Heft und schlägt es auf. „Ich habe mir Notizen gemacht, damit ich nichts vergesse", sagt sie und lächelt in die Runde.

„Ich wollte schon immer im sozialen oder im Gesundheitsbereich arbeiten, schon als Kind wusste ich das", beginnt sie. 1989 fing Ani als Pflegeassistentin an. Zuerst wurde sie Patient*innen zugeteilt, die gut Englisch sprechen konnten, bis sie der deutschen Sprache mächtig war. Lange Zeit arbeitete sie mit bettlägrigen Personen. „Diese Bewohner*innen waren sehr krank, hatten Demenz, Gedächtnisprobleme, Lähmungen ... Es waren Menschen, die kaum mit einem kommuniziert haben. Das bedeutete schwere Hebe-Arbeit und viele Nachtdienste." Die körperliche und psychische Belastung der vielen Arbeitsjahre haben Ani vor zwei Jahren zum Stationswechsel bewegt. Nun ist sie im ambulanten Bereich eines Pensionist*innenheims tätig. Ani gibt den Bewohner*innen ihre Medikamente, wechselt Verbände, misst Blutdruck und kümmert sich um die Körperhygiene der Bewohner*innen. Im

Anschluss wird alles dokumentiert. „Oft mache ich das nach meiner Schicht, weil es sich sonst nicht ausgeht“, sagt Ani.

Mit sechs weiteren Mitarbeiter*innen ist Ani als Pflegekraft für ca. 38 Bewohner*innen verantwortlich. Die Mitarbeiter*innen haben unterschiedliche Dienste. Ani arbeitet manchmal von 6.45 bis 18.45 Uhr, an anderen Tagen nur zehn oder acht Stunden im Schichtdienst. Sie ist für 40 Stunden angestellt und hat zwei Tage in der Woche frei. Zu Beginn der Pandemie wurden auch auf dieser Station Nachtdienste eingeführt. Obwohl die Hygienemaßnahmen streng eingehalten wurden, ständig desinfiziert wurde und ein Besucher*innenverbot galt, verbreitete sich das Coronavirus im Heim.

„Die Krankheit kannten die Bewohner*innen vor allem aus dem Fernsehen, sie hörten, dass in Italien viele sterben, und hatten Panik“, sagt Ani. Die Pflege der an Covid-19 erkrankten Bewohner*innen wurde immer von einer Person im Team übernommen. Diese musste Schutzkleidung tragen, mit Schutzbrille und Maske ins Zimmer, um Fieber zu messen und nach den Bewohner*innen zu schauen.

„Manche haben geweint und geglaubt, es ist ihr Ende, andere waren sehr aggressiv, weil sie schon so lange alleine im Zimmer waren, aber wir mussten geduldig sein.“

Ani versuchte ihnen die Angst zu nehmen und sie zu beruhigen, die Pfleger*innen waren die einzigen Kontaktpersonen. „Ich habe viel mit ihnen geredet, mich dazugesetzt, wenn sie weinten, und ihnen zugehört“, sagt Ani. Der Genesungsprozess war sehr unterschiedlich, einige mussten noch monatelang im Bett liegen. Der Druck auf die Pflegekräfte ist gestiegen, anfangs mussten Kontaktpersonen bei Neuinfektionen in Quarantäne, später nicht mehr. Mitarbeiter*innen fehlten, viele wurden selbst mit dem Virus infiziert, der Arbeitsaufwand stieg. Springer*innen wurden für die Überbrückung bei fehlendem Personal nicht eingesetzt, da im Heim laufend positive Fälle entdeckt wurden und dies abschreckend wirkte. „Viele der Bewohner*innen sind an Corona oder den Nachwirkungen gestorben. Ich war so fertig“, sagt Ani und schüttelt den Kopf. „Es kamen spezielle Leute vorbei, um die Leichen abzuholen, sie sahen aus wie Astronauten in ihrer Schutzkleidung, das ist schon beängstigend“, erzählt sie.

„Viele der Bewohner*innen sind an Corona oder den Nachwirkungen gestorben. Ich war so fertig.“

Ihre Tochter steht auf und holt ihr ein Glas Wasser aus der Küche. Ani nimmt einen Schluck und erzählt weiter. „An einem Tag im November 2020 hatte ich Kopfschmerzen, ich dachte, ich habe schlecht geschlafen. In der Arbeit wurde ich schwächer.“ Ani ließ sich testen, ihr Ergebnis war positiv. „Ich hatte keine Angst, nur Sorge, meinen Mann anzustecken, der zur Risikogruppe gehört“, sagt sie. Die Wohnung wurde aufgeteilt, Ani durfte aus dem Zimmer nur hinaus, um ins Bad zu gehen, danach wurde es desinfiziert. „Ich war sehr vorsichtig“, ergänzt sie. Seit Winter 2020 wird das Personal zweimal wöchentlich getestet.

Vor unserem Interview bekam Ani ihre erste Impfung, ihr Mann ebenfalls, aber nur, weil Impfdosen übrig waren. Als genesene Person braucht sie nur eine Impfung, da die Anzahl der Antikörper bereits hoch ist.

„Ich muss auf meine Impfung noch warten“, sagte ihre Tochter, die im Mai 2021 an Corona erkrankte, wahrscheinlich wurde sie durch eine positive Person infiziert, während sie deren Daten für die Testung entgegennahm, oder woanders, so genau ließ es sich nicht rückverfolgen.

„Als Ausländerin ist es hier nicht leicht, nicht nur sprachlich. Bis die Menschen es akzeptieren, dass eine schwarze Frau wie ich sie pflegt – das war nicht einfach“, erzählt Ani. Auf ihrer Station haben alle Pfleger*innen Migrationserfahrung.

Im Laufe ihrer Arbeit gab es einige Patient*innen, die sich von ihr nicht haben pflegen lassen. „Es ist meine Pflicht, anderen Menschen zu helfen. Ich bleibe ruhig, auch wenn sie mich beschimpfen, es ist aber nicht leicht. Es bedrückt mich und tut sehr weh." Sie formt ihre Hand zur Faust, bringt sie zu ihrem Herzen und drückt sie fest.

„Einmal hatte ich Nachtdienst mit einer Kollegin mit chinesischen Wurzeln. Eine ältere Frau läutete, ich ging hin. Als sie mich sah, sagte sie ‚Holen Sie mir jemand anderen'. Ich rief meine Kollegin. Als die Patientin sie sah, schrie sie: „Von Ihnen lass ich mich nicht behandeln, ich warte, bis Österreicher da sind!" Meine Kollegin sagte locker: ‚Na dann können Sie lange warten', und wir gingen beide aus dem Zimmer. Ich hätte mich nicht getraut, irgendwas zurückzureden." Wir in der Runde lachen.

„Als Ausländerin ist es hier nicht leicht, nicht nur sprachlich. Bis die Menschen es akzeptieren, dass eine schwarze Frau wie ich sie pflegt – das war nicht einfach."

In Anis erstem Pflegejob 1989 kümmerte sie sich als Heimhelferin um einen alten Mann, der für sie wie ein Vater war. „Er war Richter, und er hat mir sehr geholfen, bei meinem Visum, mit der Sprache. Er hat auch meiner Familie geholfen. Wenn ich an Österreich denke, denke ich gern an ihn", sagt Ani.

Hier ist für sie ihr Heimatland, und immer vergleicht sie es mit Indien. „Ich bin ein zufriedener Mensch und dankbar, dass ich hier arbeiten kann, ich kann nicht klagen." Ani macht eine kurze Pause, schaut in ihr Wasserglas. „Was ich mir doch wünsche, ist Akzeptanz, nicht nur in meinem Beruf." Sie macht wieder eine kleine Pause. „Ich arbeite hier, zahle meine Steuern und gebe sehr viel von meiner Seele."

In ihrer Familie ist Ani nicht die Einzige, die im Pflegebereich tätig ist, so auch ihr Bruder und dessen Frau. Wir trinken weiter unseren indischen Tee und tauschen Geschichten aus, über unsere Berufe, über gute und schlechte Erfahrungen und vor allem über unsere Diskriminierungserfahrungen in diesem Land.

Sesilia, 28
Kindergartenpädagogin

Sesilia kommt direkt aus dem Kindergarten im 11. Bezirk, in dem sie arbeitet. Wir treffen uns bei der U-Bahn-Station Landstraße, Wien-Mitte. Ihre Augen sehen müde aus, ihre Arbeit hat Spuren hinterlassen, doch sie lächelt tapfer. Wir spazieren Richtung Stadtpark, dort herrscht ein ziemliches Gedränge, die Menschenmassen sind fast beängstigend. „Bevor wir anfangen, muss ich mich kurz aufregen", sagt Sesilia zu mir. „Die Woche war so mühsam. Eine Kollegin ist schwanger und wird jetzt gehen. Sie ist Vollzeitkraft, aber ihre Stelle wird sicher nicht nachbesetzt. Natürlich freue ich mich für sie, aber wir haben einen massiven Personalmangel, und das ist ein Riesenproblem."

Im Kindergarten, in dem Sesilia arbeitet, werden 105 Kinder in fünf Gruppen betreut. Normalerweise sind einer Gruppe ein*e Vollzeit- und ein*e Teilzeit Pädagog*in sowie ein*e Assistent*in zugeordnet. Doch seit einigen Monaten steht Sesilia nur mit einer Assistentin in ihrer Gruppe mit 21 Kindern.

Mitte 2020 haben eine Teilzeit- und eine Vollzeitpädagogin gekündigt, die jetzt in Ausbildung sind, nachbesetzt wurden sie nur teilweise, weil es keine Bewerbungen gab.

Wir setzen uns auf eine Bank mit Blick auf den Stadtpark-Teich. Die Worte sprudeln nur so aus ihr heraus. „Als der erste Lockdown kam, herrschte im Kindergarten Notbetrieb, nur die Kinder von Eltern in systemrelevanten Berufen durften kommen. Es gab viele Unsicherheiten darüber, wie wir mit den Kindern umgehen sollten: Müssen wir zu den

Kindern Abstand halten? Wie soll das denn gehen, und wie sollen wir den Kindern verständlich machen, dass sie auch untereinander Abstand halten müssen? Im Schnitt gibt es pro Gruppe sieben Kinder, die unter drei Jahre alt sind, die alles in den Mund nehmen, Spielzeug, die Hände anderer Kinder und sonst noch was."

Es gab lange Zeit keine genauen Vorgaben, der Betriebsrat und die Geschäftsstelle setzten sich zwar zusammen, aber die Beschlüsse, die sie fassten, waren unbrauchbar, sie passten nicht mit dem Kindergarten-Alltag zusammen oder kamen zu spät, erst wenn die Regierung bereits neue Maßnahmen angekündigt hatte.

Eine Bestimmung lautete zum Beispiel, dass die Pädagog*innen so wenig wie möglich Kinder unterschiedlicher Gruppen mischen sollten. Da es zu wenig Personal gab, mussten die Pädagog*innen zwischen den Gruppen hin und her pendeln, um den Dienst abzudecken. Manchmal halfen Springer*innen (Pädagog*innen aus anderen Häusern) aus, die – bis Februar 2021 ungetestet – mehrere Tage mit den Kindern in Kontakt waren.

Ende Herbst 2020 durften die Eltern den Kindergarten nicht mehr betreten. Wenn die Kinder abgeholt wurden, mussten die Pädagog*innen jedes Kind selbst anziehen, womöglich auch noch schnell Windeln wechseln, und die Kinder zu den Eltern hinausbringen. Zu Stoßzeiten blieb der Rest der Gruppe oft unbeaufsichtigt. „Das war ein Ganzkörper-Workout, ich lief hin und her und versuchte, meine Gruppe nicht aus den Augen zu verlieren. Und seit September 2020 sollen wir jede Stunde allen Kindern die Hände waschen und die Oberflächen desinfizieren. Bis ich da alle 21 Kinder durch hab', kann ich wieder von vorn anfangen. Da bleibt wirklich für nichts anderes Zeit!"

Anfangs wurden die meisten Kinder nach Hause und ein

Großteil des Personals ins Homeoffice geschickt, im Raddienst haben immer eine Pädagogin und eine Assistentin die Betreuung der Kinder übernommen. Die anderen waren auf Abruf bereit für den Fall, dass viele Kinder kamen. Die im Homeoffice erledigten die Büroarbeit: Projekte abarbeiten, Kinderbeobachtungen schreiben, Literatur zu pädagogischen Themen lesen, Entwicklungsgespräche vorbereiten. „Außerdem wurde uns nahegelegt, alle Überstunden abzubauen und den Urlaub in dieser Zeit zu konsumieren."

„Im ersten Lockdown mit weniger Kindern habe ich gemerkt, dass ich qualitativ viel besser mit den Kindern arbeiten und auf ihre Bedürfnisse eingehen kann."

Nach ein paar Wochen fingen die Eltern an, Druck auszuüben, schließlich hätten sie für den Kindergartenplatz bezahlt. Egal ob die Eltern arbeiteten oder nicht, bald war der Kindergarten wieder voll. „Im ersten Lockdown mit weniger Kindern habe ich gemerkt, dass ich qualitativ viel besser mit den Kindern arbeiten und auf ihre Bedürfnisse eingehen kann. Ich war nach der Arbeit nicht fix und fertig und hatte Energie für mein eigenes Leben", erzählt Sesilia.

Im September 2020 wurde der Kindergarten wieder normal geöffnet, wie jedes Jahr mit der Eingewöhnungsphase, die stressigste Zeit im ganzen Jahr. 40 neue Kinder kamen dazu. Die Eltern durften dabei sein, sofern sie eine Maske trugen. „Gleich zu Anfang dieser Phase musste ich in Quarantäne, weil ich K1-Kontaktperson war. Wir hatten alle Angst, dass in dieser Phase Personal ausfällt, denn uns fehlte bereits Personal", erzählt Sesilia. Sie musste zehn Tage zu Hause bleiben, doch nach ein paar Tagen spürte Sesilia den steigenden Druck auf die Kolleg*innen und wollte möglichst bald in die Arbeit zurück. Sie rief bei unterschiedlichen Stellen an, aber weder das Magistrat noch die Gesundheitsberatung konnten ihr klare Informationen geben, wie sie sich zu verhalten habe. „Mir war es wichtig sicherzugehen, dass ich die Krankheit nicht in den Kindergarten mitbringe."

Nicht jeder geht so verantwortungsbewusst mit der Situation um. So gab es, erzählt Sesilia, etwa ein Elternpaar, das sein Kind trotz Coronaverdachts in den Kindergarten brachte, bis sie ihr Testergebnis bekamen. Dieses war positiv. Alle Kinder in der Gruppe und das Personal mussten in Quarantäne. „Ich war in Kontakt mit dem Kind, es hat viel geweint. Ich hab' seine Nase geputzt, und es hat die Tränen an meinem T-Shirt abgewischt. Ich war zwar oft Hände waschen, aber das nützt nicht viel."

Sesilia wollte sich vergewissern, dass sie nicht positiv ist, und ließ sich testen. Den Test musste sie Anfang Herbst 2020 selbst bezahlen, denn zu der Zeit wurden die Pädagog*innen nicht getestet und es gab noch kein Gratistestangebot für die Bevölkerung. „Das ist sehr enttäuschend, denn als Kindergartenpädagoginnen haben wir einen sehr körpernahen Beruf, in anderen Berufen dieser Art wird das Personal regelmäßig getestet. Uns wurden nicht einmal bei Corona-Verdacht Tests zur Verfügung gestellt." Das hat sich in der Zwischenzeit jedoch geändert. Seit Februar 2021 wird auch das Kindergartenpersonal einmal wöchentlich getestet. Im Kindergarten müssen Pädagog*innen keine Masken tragen, denn das könnte die sprachliche und emotionale Entwicklung der Kinder beeinträchtigen. Vor allem im Kindesalter läuft vieles über die Mimik, so entsteht auch eine Bindung zwischen Pädagog*in und Kind, erklärt mir Sesilia.

Seit Beginn der Corona-Krise versuchte Sesilia geblockt immer wieder, für mehrere Wochen bei einer Freundin unterzukommen, die ebenfalls täglich in die Arbeit muss, denn einer ihrer WG-Mitbewohner ist Risikopatient. In der WG halten sich alle streng an die Regeln, bleiben zu Hause, treffen keine Menschen aus anderen Haushalten, aber sie muss täglich zur Arbeit, ohne sich wirklich schützen zu können.

„Wir brauchen jemanden, der sich für uns einsetzt, der im Interesse der Kinder, Familien und Pädagog*innen handelt. Es wird von Jahr zu Jahr schwieriger, im Kindergartenbereich offene Stellen nachzubesetzen. Das ist doch ein Zeichen. Kindergartenpädagogin ist ein Beruf, der an die Substanz geht, es ist ein wichtiger Beruf, der endlich aufgewertet werden muss. Weder die Eltern noch die Regierung sehen, wie viel körperliche und psychische Arbeit Kindergartenpädagog*innen leisten. In der Regierung scheint sich niemand für die Kindergärten zuständig zu fühlen, weder das Bildungsministerium noch das Ministerium für Arbeit, Familie und Jugend“, seufzt Sesilia.

„Wir haben’s grad schwer, über ein bisschen Motivation freuen sich bestimmt alle!“

Wir stehen auf, drehen noch eine Runde um den Teich und verabschieden uns beim Blumengeschäft am Ausgang des Stadtparks. Da beschließt Sesilia, für jede*n ihrer Kolleg*innen eine Blume zu kaufen. „Wir haben’s grad schwer, über ein bisschen Motivation freuen sich bestimmt alle!“ Und drückt mir rote, gelbe und weiße Blumen in die Hand, während sie die Namen ihrer Kolleg*innen vor sich hinmurmelt.

„Wir brauchen jemanden, der sich für uns einsetzt, der im Interesse der Kinder, Familien und Pädagog*innen handelt. Es wird von Jahr zu Jahr schwieriger, im Kindergartenbereich offene Stellen nachzubesetzen. Das ist doch ein Zeichen."

Nana, 30
Psycho-soziale*r Fachbetreuer*in

Ende März 2021 treffen Nana und ich uns bei der Prater-Hauptallee. Die Sonne scheint, mir ist zu heiß. Den Kontakt habe ich durch meine Schwester, die mit Nana gemeinsam in einer WG wohnte. Nana strahlt mich an, mit einem Lächeln, der geblümten Weste und den lila Converse. Alles an they schreit nach Frühling. Wir updaten uns über unsere Arbeit, Wohnsituation, wer von uns als Letztes meine Schwester gesprochen hat und welche gesellschaftspolitischen Diskurse uns beschäftigen und was uns ärgert. „Die Stadt muss eine Montessori-Gruppe werden, wo sich alle Menschen integrieren können und das Gefühl haben dazuzugehören. Barrierefreier, öffentlicher gestaltet, mehr Miteinander; und divers soll es sein, ohne ständig darauf hinzuweisen. Das Hinweisen nervt mich“, sagt Nana.

Seit sechs Jahren arbeitet Nana in einer Wohngemeinschaft für kognitiv und körperlich beeinträchtigte Menschen, die größtenteils durch Unfälle zu ihrer Beeinträchtigung gekommen sind. Aus diesem Grund haben sie mit psychischen Erkrankungen, Depression, Affektstörungen oder Gehirnschäden zu kämpfen. Viele von ihnen können beispielsweise nicht alle Emotionen abfangen und deuten, reagieren in Situationen harsch, aggressiv oder fangen zu schreien an, obwohl sie es nicht beabsichtigen. „Manche Patienten leiden an Störungen in ihrem Kurzzeitgedächtnis, sodass wir alle paar Minuten das Gespräch von neuem anfangen. Oft sind sie in ihrer Trauerspirale gefangen. Meine Aufgabe ist es, sie da herauszuwinden", erklärt Nana. Das Haus ist in drei Stockwerke aufgeteilt, in Nanas Stockwerk wohnen zehn Männer. Der „älteste" Bewohner wohnt bereits seit 30 Jahren in der Wohngemeinschaft, der „jüngste" ist vor vier Wochen eingezogen.

Nanas Zivildienst in der Psychiatrie bestärkte they zu einer Ausbildung im Gesundheits- und sozialen Bereich. Nach der Pflegeassistenzausbildung schloss they seine Ausbildung als Fachsozialbetreuer*in nebenberuflich ab. Nana musste die Ausbildung kurz aussetzen, da die staatlichen Förderungen nur zwei Jahre finanzieren, obwohl die Ausbildung länger dauert. Das Geld konnte they nicht sofort aufbringen. „Ich hatte dann das Glück, dass meine Oma ihr Sparbuch aufgelöst hat, so konnte ich mir zusammen mit meinen Ersparnissen das dritte Ausbildungsjahr leisten", erzählt Nana. Durch die Ausbildung war Nana auch schon auf die Ausnahmesituation der Pandemie vorbereitet: „In meiner Pflegeassistenzausbildung wurde der Umgang mit einer Pandemie behandelt. Was bedeutet es? Wie muss man sich verhalten, wenn man in Quarantäne ist? Wie zieht man die Schutzkleidung richtig an und aus? Mir hat das die nötige Ruhe gegeben, ich konnte meine Kolleg*innen einschulen, obwohl das eigentlich nicht zu meinen Aufgaben gehört."

Das Hauptziel des Betreuungspersonals in der WG ist es, durch fixe Tagesabläufe, Tätigkeiten und Motivation die Klient*innen zu stabilisieren, sodass sie einen sozialen Umgang entwickeln, der es ihnen ermöglicht, in der Gesellschaft draußen zu funktionieren. Sie sollen die Chance haben, nach Hause zu gehen, in ihrer eigenen Wohnung zu leben, unterstützt von einer externen Betreuung. Bei Normalbetrieb gehen manche Klient*innen tagsüber in Werkstätten, können sich mit Bewohner*innen aus allen Stockwerken im „Club-Raum" treffen, sich austauschen und Kaffee trinken. Außerdem ist es „verkehrstauglichen Klient*innen“ erlaubt, das Haus zu verlassen. All das ist seit März 2020 in Notbetrieb: Der „Club-Raum“ ist die meiste Zeit gesperrt. Das betrifft auch die Tageswerkstätten. Die Klient*innen müssen in ihren Stockwerken bleiben, sie dürfen nicht allein hinausgehen, da sie sich nicht an die Corona-Regeln halten können. Auch Familienmitgliedern ist der Besuch nicht immer erlaubt, je nach gerade gültigen Maßnahmen.

Vor allem bei den Bewohner*innen ab 60 Jahren sind die Auswirkungen der verlorenen Tagesstruktur deutlich erkennbar.

„Den Klient*innen wurde ihre Struktur vollkommen genommen, ihre fixen Tätigkeiten und ihre Bezugspersonen. Bei den meisten waren wir noch am Trainieren, dass sie einen Zyklus schaffen, jetzt ist alles weg. Also beginnen wir die Arbeit, die wir vor fünf Jahren begonnen haben, dann wahrscheinlich 2022 neu, und hoffen, dass nicht noch mehr sterben“, sagt Nana. Bisher gab es sechs Todesfälle im Haus. „Die sterben nicht an Corona, sondern an den multiplen Erscheinungen ihrer Erkrankungen, die durch den Ausfall der Struktur und den sozialen Abstand stärker werden“, erklärt Nana.

„Meine ein bisschen älteren Kolleg*innen bekommen jetzt alle Bandscheibenvorfälle oder andere Erkrankungen, die durch Überlastung hervorgerufen werden. Der Körper gibt einfach auf.“

Seit Notbetrieb herrscht, kam die Köchin nicht mehr in die WG, da sie Risikopatientin ist, und die Schicht der Putzkraft wurde reduziert, um das Ansteckungsrisiko zu vermindern. Nana und Kolleg*innen mussten diese Aufgaben ebenfalls übernehmen.

„Meine ein bisschen älteren Kolleg*innen bekommen jetzt alle Bandscheibenvorfälle oder andere Erkrankungen, die durch Überlastung hervorgerufen werden. Der Körper gibt einfach auf", sagt Nana.

„Es ist nicht der Lockdown, der mir verbietet rauszugehen, sondern mein Energielevel. Ich bin so überarbeitet, dass ich nur ins Bett falle. Wie kann man motiviert dranbleiben, wenn man ständig überarbeitet ist? Wie soll man seine Freizeit genießen, wenn man jeden Geldschein umdrehen muss?", überlegt Nana laut, während wir beim Lusthaus umdrehen und zum Prater zurückspazieren. Uns kommen Leute mit Körben voller Bärlauch entgegen. Wir schweifen kurz vom Gespräch ab, bis Nana mit Nachdruck meint: „Wenn es noch ein Jahr so geht, muss sich radikal was ändern, denn sonst arbeitet keiner mehr in diesem Job. Oder alle sind so krank, dass sie nicht mehr arbeiten können. Und das ist schade, weil da tolle Menschen darunter sind."

„Wie soll man seine Freizeit genießen, wenn man jeden Geldschein umdrehen muss?"

Was Nana fehlt, ist der Ausgleich zur Arbeit. Seit Anfang der Corona-Pandemie hat they Kontakte auf ein Minimum reduziert, they Freund ist eingezogen, der durch sein Online-Studium und das Ausbleiben der sozialen Kontakte in eine Depression verfiel. „Ich musste mich zu Hause und in der Arbeit um andere kümmern und irgendwo dazwischen auch um mich selbst. Mein Ausgleich bestand darin, zum Supermarkt zu gehen", sagt Nana mit einem wehmütigen Lächeln im Gesicht.

Ich schaue Nana an und bewundere they Stärke. Ob ich diese Situation wohl auch überstanden hätte?

Von der Politik wünscht Nana sich, dass die Rhetorik hinterfragt und sensibler agiert wird. Aussagen, die den Eindruck vermitteln, dass draußen Lebensgefahr herrsche, lösen bei Bewohner*innen Angstzustände aus, vor allem bei der Nachkriegsgeneration oder denen, die im Krieg aufgewachsen sind.

„Wenn ich in die Arbeit gehe, bin ich ein Laiendarsteller, ich schlüpfe in eine Rolle und produziere eine Kulisse, damit meine Klient*innen Emotionen freisetzen können und ihren Alltag in den Griff kriegen. Es ist aber schwierig, wenn sie in den Nachrichten Schlagworte hören, die Panik auslösen", schließt Nana unser Gespräch ab.

Bald kommen wir bei unserem Starttreffpunkt an, gehen gemeinsam zur U-Bahn und verabschieden uns. Ich solle meine Schwester lieb grüßen, ruft Nana mir noch nach.

KOMMENTAR

Vina Yun – Journalistin und Autorin

Es ist 31. Jänner 1966. Nach fast 24-stündiger Reise landen 128 junge Koreanerinnen auf dem Flughafen Frankfurt am Main. Sie wurden, wie tausende Frauen aus Indien, Indonesien, den Philippinen und anderen Ländern, angeworben, um den akuten Personalmangel in der Krankenpflege zu entschärfen, wie er in Deutschland, Österreich und der Schweiz herrschte. Das „Programm zur Beschäftigung qualifizierter koreanischer Krankenschwestern und Krankenpflegehelferinnen in deutschen Krankenhäusern" zum Vorbild nehmend, kommen 1972 auch in Wien die ersten Arbeitsmigrantinnen aus Südkorea an.

Vielfach galten die Anwerbeabkommen mit den armutsbetroffenen, oftmals autokratisch regierten Staaten Asiens (Korea galt zu jener Zeit noch als sogenanntes Dritte-Welt-Land) als „Entwicklungshilfsmaßnahme" des Westens.

„Doch wer half hier wem?“, fragt die koreanische Frauengruppe, ein aktivistischer Zusammenschluss ehemaliger Krankenschwestern in Deutschland, und konstatiert: „Die asiatischen/koreanischen Fachkräfte leisteten einen Beitrag zur Sicherung und zur Entwicklung der deutschen Gesundheitsversorgung. Das ‚Korea-Programm‘ ist deshalb eher als eine umgekehrte Entwicklungshilfe für das deutsche Gesundheitswesen zu verstehen.“[1]

Die öffentliche Debatte über Arbeitsmigration lässt einen solchen Perspektivenwechsel jedoch in der Regel vermissen. Wie in Deutschland wäre auch in Österreich der Wirtschaftsaufschwung der 1960er bis frühen 1970er Jahre ohne die unzähligen „Gastarbeiter*innen“, die im Gesundheitswesen, vor allem aber im Bau und in der Industrie, in Landwirtschaft, Güterproduktion, Textilwirtschaft und anderen schlecht bezahlten und von hoher Arbeitsbelastung gekennzeichneten Tätigkeiten eingesetzt wurden, nicht möglich gewesen. Zwischen 1961 und 1974 kamen rund 265.000 Gastarbeiter*innen nach Österreich – mehrheitlich aus dem ehemaligen Jugoslawien –, 1973 erreichte der Anteil der zugewanderten Arbeiter*innen mit 8,7 Prozent der Beschäftigten im Land einen vorläufigen Höhepunkt.[2] Schon damals waren Migrant*innen in vielen Bereichen „systemrelevant“.

Zumeist sind es die ehemaligen „Gastarbeiter*innen“ selbst oder ihre Nachkommen, die mit ihren Erzählungen ihren Platz in der offiziellen österreichischen Geschichtsschreibung beanspruchen. Dabei entsprechen die sehr zaghafte öffentliche Anerkennung und das „Vergessen“ der Geschichte der Arbeitsmigration dem bis heute fehlenden Selbstverständnis Österreichs als einer Einwanderungsgesellschaft – aber auch dem defizitären Bewusstsein über kolonial-imperialistische und NS-Kontinuitäten, sobald es um die wiederholt bestätigte Zuwanderungspolitik unter dem Primat der wirtschaftlichen „Nützlichkeit“ geht.

Von Beginn an waren migrantische Kämpfe um Arbeits- und soziale Rechte mit Forderungen nach sicherem Aufenthalt und Bewegungsfreiheit verknüpft. Denn je unsicherer der Aufenthaltsstatus ist, desto leichter können Migrant*innen ausbeuterische Beschäftigungs- und prekäre Wohnverhältnisse aufgezwungen werden. Besonders virulent wird die Verzahnung vorenthaltener Aufenthalts- und Arbeitsrechte bei undokumentierten Migrant*innen, für die informelle Jobs praktisch alternativlos sind. Sie müssen ihren Lebensunterhalt möglichst unsichtbar bestreiten. Vor allem für Migrantinnen ohne Papiere, die allein als Dienstleisterinnen in Privathaushalten arbeiten, bedeutet das sozialen Ausschluss und Isolation.

Es ist insbesondere diese „private", an Migrantinnen delegierte Sorgearbeit (exemplarisch: die 24-Stunden-Personenbetreuung), die unter der öffentlichen Wahrnehmungsschwelle bleibt, solange sie „normal" funktioniert. Erst in Krisensituationen entlädt sich die Anspannung des Sorgesektors, wie feministische Stimmen immer wieder betonen, und die „Systemrelevanz" der großteils migrantischen Arbeiterinnen tritt zutage. Zugleich ist der vielzitierte „Pflegenotstand" eben kein neues Phänomen, sondern hat Geschichte – und damit auch die schwierigen, risikoreichen Arbeitsbedingungen im Gesundheitswesen, in der Pflege und den Krankenhäusern. Seit seinen Anfängen im späten 18. Jahrhundert ist die organisierte (und zum „Frauenberuf" idealisierte) Pflege durch niedrige Bezahlung, prekäre Beschäftigungsverhältnisse und mangelnde gesellschaftliche Anerkennung gekennzeichnet.

Seit mittlerweile einem halben Jahrhundert sind es vor allem Migrantinnen, die die Krise in der Pflege auffangen. Das Vokabular hat sich dabei nur wenig geändert: War vor einigen Jahrzehnten bei den asiatischen Krankenpflegerinnen euphemistisch von den „mandeläugigen" oder „gelben Engeln" die Rede, werden gegenwärtig die Betreuerinnen aus osteuropäischen Ländern als „Hausengel" beworben. Sie sollen als preiswerte Lösung der öffentlichen Versorgungslücke in der Alten- und Krankenpflege herhalten, während sie gleichzeitig als Scheinselbstständige von arbeitsrechtlichen Standards weitgehend ausgenommen sind.

Ob damals oder heute: Ohne die – schlecht bezahlte wie unbezahlte – Sorgearbeit von Frauen kämen wir durch keine Krise, und ohne die Arbeit von Migrant*innen würden essenzielle Bereiche wie das Gesundheitswesen zusammenbrechen. Wer unsere Gesellschaft am Laufen hält, das hat die Corona-Pandemie überdeutlich aufgezeigt, und auch, unter welch miserablen Bedingungen viele der „essential workers" tätig sind. Also jene Menschen, deren Arbeit dafür sorgt, dass der Normalzustand unseres Alltags aufrechterhalten werden kann. Genau diese Normalität – samt ihren historischen Voraussetzungen – gilt es mehr denn je zu hinterfragen.

[1] *Korea Verband / Friedrich-Ebert-Stiftung / Koreanische Frauengruppe in Deutschland / Vereinte Dienstleistungsgewerkschaft – ver.di: Ankommen, Anwerben, Anpassen? Koreanische Krankenpflegerinnen in Deutschland – Erfahrungen aus fünf Jahrzehnten und neue Wege für die Zukunft. Veranstaltungsdokumentation. Berlin 2016.*

[2] *Quelle: Medien-Servicestelle Neue Österreicher/innen, www.medienservicestelle.at [eingestellt seit 2018]*

Leokadia, 22
Sozialarbeiterin in der Obdachlosenhilfe

Windig ist es an diesem Sonntag im März. Unser Treffpunkt ist der Augarten, ich schicke Leokadia ein Bild von da, wo ich stehe. „Gleich da", schreibt sie mir auf Instagram zurück. Schon kommt sie auf mich zu, mit aufrechtem Gang, in schwarzer Lederjacke und mit einem breiten Lächeln.

Seit sie ihr Studium der Sozialen Arbeit an der FH Campus begonnen hat, arbeitet sie im Sozialbereich, mal als Fremdenrechtsberaterin, mal in der psychosozialen Beratung, und in den letzten drei Jahren in der Obdachlosenhilfe. Das Winterpaket der Stadt Wien ist eine Sozialmaßnahme, die obdachlosen Menschen einen warmen Schlafplatz anbietet, vor allem in kalten Nächten. Das Angebot gilt von 28. Oktober bis 28. April, das sind die Monate, in denen Leokadia dort beschäftigt ist, für den Sommer muss sie einen anderen Job finden.

„Eine sichere Beschäftigung ist es nicht!" betont sie, und das ist gerade in ihrer Situation ein Problem. Wenn sie länger als drei Monate in Österreich bleibt, muss sie einen Antrag auf Aufenthaltsbewilligung stellen, als Studierende oder zur Ausübung einer Erwerbstätigkeit. Leokadia hat keinen Anspruch auf Studienbeihilfe und kann nicht auf familiäre Unterstützung zurückgreifen. Daher muss sie nebenbei arbeiten, um sich das Studium finanzieren zu können.

Mit ihren erstsprachlichen Kenntnissen in Slowakisch und Polnisch arbeitete sie anfangs in der Koordinationsstelle und dann als Betreuerin in einem Männerobdachlosenquartier im 21. Bezirk am Rande Wiens. Leokadia ist für 20 bis 30 Stunden angestellt und arbeitet im Schichtdienst. Oft muss sie Überstunden leisten. Mit zwei oder drei Kolleg*innen betreut sie 90 obdachlose Männer. Der Frühdienst geht von 8 bis 16.30 Uhr, der Spätdienst von 16 bis 22.30 Uhr und der Nachtdienst von 22 bis 8.30 Uhr. Keine Woche gleicht der anderen, das hat Auswirkungen auf den Biorhythmus.

Ich wundere mich, wie eine zierliche Person wie sie, mit pinken Haaren und netter Ausstrahlung, sich unter so vielen Männern Gehör verschaffen kann, und spreche sie darauf an.

„Ich bin eigentlich eine der härteren Betreuer*innen. Wenn ich bestimmend sein muss, habe ich eine laute Stimme", lacht Leokadia.

Im Obdachlosenquartier wird dreimal am Tag Essen ausgegeben, die Bettwäsche wird einmal in der Woche gewechselt, die Zimmer werden für neue Nächtiger vorbereitet, und alles wird dokumentiert. „Manche unserer Klienten arbeiten seit über 20 Jahren in Österreich, vor allem am Bau, als Leih- oder Schwarzarbeiter. Einen Großteil des Geldes schicken sie ihren Familien, und mit einem Teil schenken sie sich ein Stückchen Lebensqualität. Doch von dieser Arbeit gibt es gerade wenig."

Zu Leokadias Aufgaben gehört es nicht nur, die Basisbedürfnisse der Nächtiger zu stillen, sondern auch, sie auf dem Weg aus der Obdachlosigkeit zu unterstützen, wenn es gewünscht ist, egal ob die Nächtiger Schwierigkeiten mit ihrer psychischen Gesundheit haben oder substanzabhängig sind. Sie vermittelt sie an andere Organisationen und Gruppen weiter, wo sie Hilfe bekommen.

Ein „Housing First"-Prinzip wäre sinnvoller als das Notunterkunftssystem, meint Leokadia. Das Prinzip basiert darauf, obdachlosen Personen und Familien als Erstes eine stabile und sichere Unterkunft zu bieten und sich erst im nächsten

Schritt mit den anderen Problematiken und Herausforderungen auseinanderzusetzen. Denn eine eigene Wohnung bietet eine notwendige Grundlage, um sich dieser Thematiken anzunehmen.

Durch Corona und den Mangel an Personal war das Quartier extrem ausgelastet und die Betreuer*innen überlastet, vor allem gab es keine Möglichkeit auf persönliche Begegnung. Die Stimmung war angespannt, sowohl beim Personal als auch bei den Klienten, was zu Konflikten führte und den Alltag erschwerte. Die Betreuer*innen bekamen Schutzanzüge, und die Nächtiger wurden mit Masken und den Regeln bekannt gemacht, was anfangs sehr irritierend war. „Glücklicherweise arbeite ich in einem Quartier mit Einzel- und Doppelbettzimmern. Das ist aber die Ausnahme.“ In anderen Quartieren können die Maßnahmen nicht befolgt werden, weil es nur Mehrbettzimmer für bis zu zehn Personen gibt. „Die Problematik liegt im System. Es sind menschenunwürdige Zustände, wenn Personen in Schlafsälen mit acht oder zehn Betten untergebracht werden. Wir spüren es jetzt, weil es eine gefährliche Krankheit ist. Aber Personen, die in Mehrbettzimmern untergebracht werden, leiden auch sonst viel stärker an Krankheiten, die im Winter kursieren, an Grippe, Erkältung usw. Die Personenanzahl in den Zimmern muss reduziert werden!“

„Die Problematik liegt im System. Es sind menschenunwürdige Zustände.“

Kontaktpersonen von Infizierten mussten schnell in Quarantänequartieren untergebracht werden, die aus dem Boden gestampft wurden. Dort gab es kein Betreuungspersonal, manche der Nächtiger*innen hatten Panik und versuchten aus der Einrichtung zu flüchten.

Als Person mit einer Grunderkrankung war der Gedanke, sich mit dem Coronavirus zu infizieren, für Leokadia nicht angenehm. Sie konnte sich aber nicht von der Arbeit freistellen lassen, da diese befristet ist und sie sonst nicht versichert gewesen wäre. „Gerade als Migrantin muss ich einfach weiterarbeiten, damit ich legal in Österreich bin. Ich habe wenig Wahl!"

So versucht sie, auf dem neuesten Stand der Wissenschaft zu bleiben, um sich möglichst effizient schützen zu können. „Es war lange ungewiss, ob wir geimpft werden, es wurde hierzu nichts kommuniziert." Mitte Februar bekam sie spätabends eine SMS, es wäre noch Impfstoff übrig, dafür müsste sie in den nächsten 55 Minuten im Impfzentrum sein. „Ich hatte zum Glück Nachtdienst und bin schnell rübergefahren. Wer weiß, wann ich sonst geimpft worden wäre." Leokadia wendet ihr Gesicht zur Sonne und lächelt.

„Ich habe gelernt, besser mit der Einsamkeit umzugehen, mich selbst zu motivieren. Aber ich konnte nicht an inhaltlichen Diskussionen wachsen."

Leokadia wohnt allein, ist aber gern unter Menschen, vor allem für ihre politische Arbeit im Verband sozialistischer Student*innen. Große Diskussionsrunden und Austauschveranstaltungen blieben aus, und Leokadia war gezwungen, ihre sozialen Kontakte einzuschränken. „Ich habe gelernt, besser mit der Einsamkeit umzugehen, mich selbst zu motivieren. Aber ich konnte nicht an inhaltlichen Diskussionen wachsen. Es lässt mich traurig zurück."

An die Politik hat Leokadia einige Forderungen, vor allem das Recht mitzubestimmen, sei es im Studium oder in der Arbeit. „Wir sind Österreich, und Österreich ohne uns würde niemals funktionieren. Wir Migrant*innen halten dieses System aufrecht, dürfen aber nicht wählen und haben kein Recht, selbst gewählt zu werden. "Den von Politiker*innen in Pressekonferenzen ausgesprochenen Dank empfindet sie als unauthentisch, weil dann keine Taten folgen. Es werden keine Gespräche mit den entsprechenden Berufsgruppen geführt, um wirkliche Veränderungen zu bewirken.

Leokadia setzt sich auch für die Aufwertung der Arbeit während des Studiums ein, denn Studierende im Sozial- und Gesundheitsbereich müssen tausende Stunden an unbezahlten Pflichtpraktika leisten. In ihrer Petition geht es darum, einen Mindestlohn für Pflichtpraktika einzufordern.

„Von der Gesellschaft wünsche ich mir“, fügt sie hinzu, bleibt kurz stehen und dreht sich zu mir, „Respekt. Alle gehen davon aus, dass jede*r in die Obdachlosenbetreuung gehen kann, aber es ist ein Beruf, der eine Ausbildung im Bereich Soziale Arbeit braucht. Es ist psychisch anstrengend, denn wir arbeiten mit Klient*innen mit unterschiedlichen Konfliktvergangenheiten.“ Viele Klient*innen leiden an Traumata, da sie Krieg, Misshandlung, körperlicher oder psychischer Gewalt ausgesetzt waren. Sie haben Schlafstörungen und Angstzustände. Dies führt dazu, dass einige substanzabhängig werden, um sich ihrem Leiden zu entziehen.

„Soziale Arbeit ist eine Profession, die unsere Gesellschaft zusammenhält.“

Wir gehen Richtung Haupteingang, wo ich meine Oma treffen sollte, da fügt sie hinzu: „Soziale Arbeit ist eine Profession, die unsere Gesellschaft zusammenhält.“

„Wir Migrant*innen halten
dieses System aufrecht,
dürfen aber nicht wählen
und haben kein Recht,
selbst gewählt zu werden.“

Nichtösterreicher*innen sind häufiger „Working Poor" als Österreicher*innen

Menschen im Erwerbsalter (16 – 64 Jahre), die länger als 6 Monate Vollzeit oder Teilzeit erwerbstätig waren und trotzdem armutsgefährdet sind, werden von der EUROSTAT als „Working Poor" definiert.

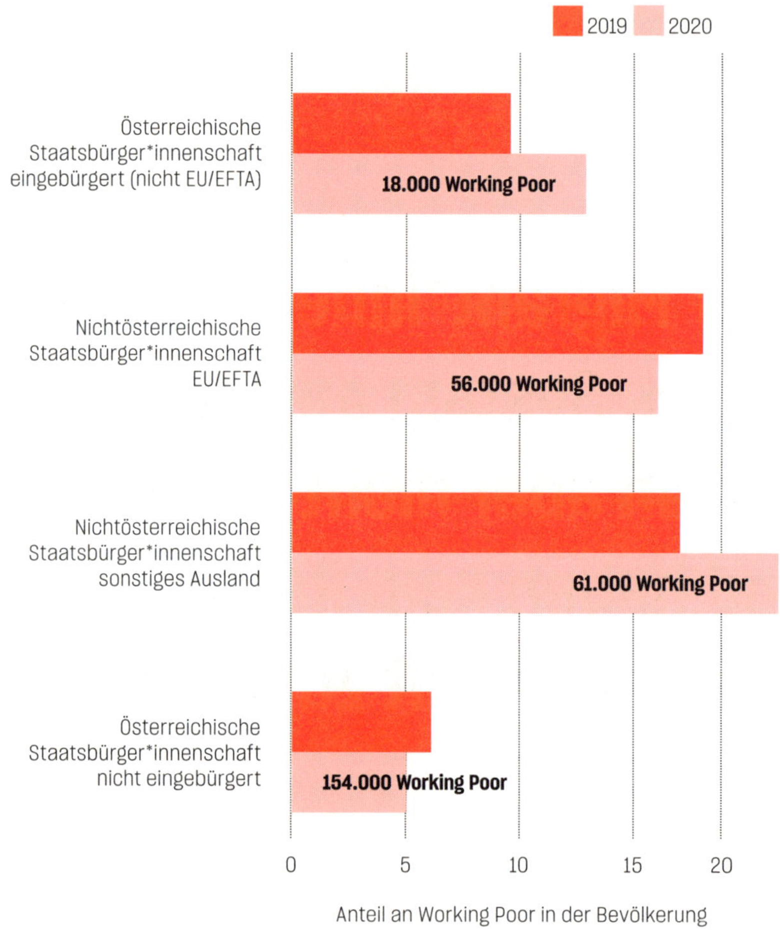

Quelle: Statistik Austria / Momentum Institut

„Die Pandemie hat uns gezeigt, dass es Beschäftigte gibt, ohne deren Arbeit das gesellschaftliche System kollabieren würde. Die Gewerkschaften kämpfen für einen kollektivvertraglichen Mindestlohn von 1.700 Euro und treten für Arbeitszeitverkürzungen ein. Im Hinblick auf die Situation von Frauen fordern wir einen Rechtsanspruch auf flächendeckende und leistbare Kinderbetreuungsplätze ab dem 1. Lebensjahr."

Korinna Schumann, Vizepräsidentin des Österreichischen Gewerkschaftsbundes

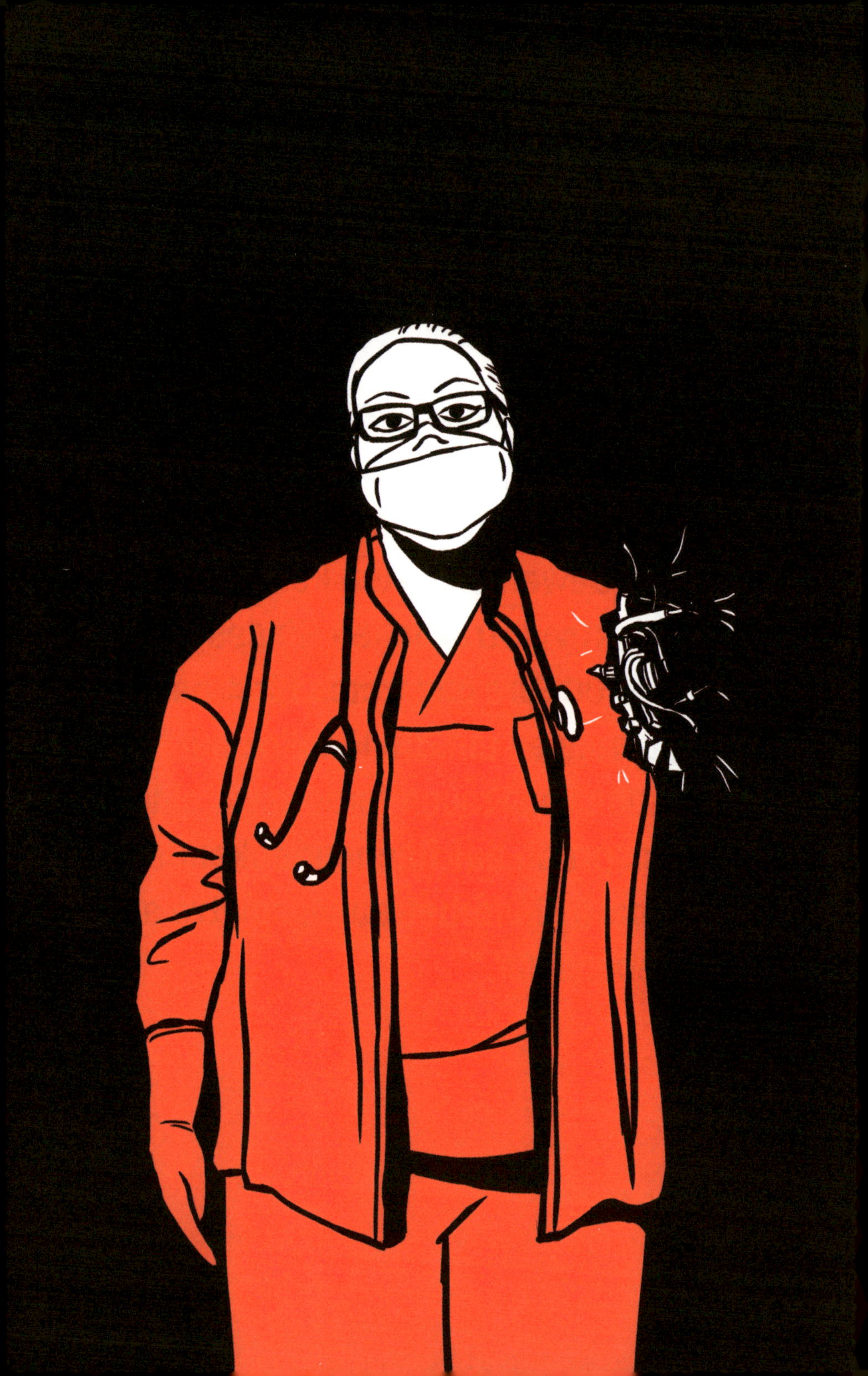

Lisa, 46
Krankenschwester

Für dieses Gespräch fahre ich extra ins Krankenhaus, denn Lisa ist so überlastet, dass wir das Interview nur direkt nach ihrem Dienst machen können. Ich weise meinen negativen Coronatest vor und bekomme Zutritt zum Gebäude. Auf der Station empfängt mich meine Tante, die ebenfalls hier arbeitet. Sie sagt mir, ich müsse kurz warten, da Lisa einen unerwarteten Patienten hat und noch das EKG abschließt. Wir setzen uns im Wartebereich.

Normalerweise ist der voll mit Kindern, deren Eltern und Geschwistern, doch seit März 2020 wurde der Betrieb in der Kinderherzambulanz eingeschränkt. Kinder dürfen mit nur noch einer erwachsenen Begleitperson kommen, damit der Abstand im kleinen Warteraum irgendwie eingehalten werden kann. Meine Tante öffnet die Tür eines Untersuchungsraums. „Siehst du, so schauen die Räume aus: viel zu eng. Den Abstand können wir hier sowieso nicht einhalten", sagt sie zu mir, während wir in den nächsten Raum gehen. Dort setze ich mich und warte auf Lisa. Diese entschuldigt sich bei ihrem Eintreten für die Verspätung. Ihrer Stimme hört man an, dass sie unter der Maske lacht.

Lisa arbeitet seit 2009 in der Herzambulanz, seit mehr als zehn Jahren. Schon während ihrer Ausbildung wusste sie, dass sie sich auf Kinder spezialisieren möchte. Unter der jetzigen Pflegebesatzung ist sie die Dienstälteste. „Es hat sich in den letzten Jahren sehr viel verändert. Damals haben wir nicht einmal die Hälfte an Patient*innen gehabt. Es hat bestimmt mit dem Fortschritt in der Medizin zu tun, dass viel im Feld der Herzfehler bei Kindern erforscht wurde. Und das ist gut so“, erklärt Lisa.

Einerseits werden dauerhaft neue Kinder als Patient*innen aufgenommen und für bestimmte Operationen vorbereitet. Andererseits werden manche seit ihrer Geburt über Jahre begleitet und betreut. „Schon vor der Pandemie haben wir mit wenig Pflegepersonal gearbeitet, trotz steigender Zahl an Patient*innen. Wir waren am Limit und haben die Patient*innen wie am Fließband abgefertigt – wie Roboter, tagein, tagaus. Und Überstunden haben sich angehäuft“, erzählt Lisa.

„Schon vor der Pandemie haben wir mit wenig Pflegepersonal gearbeitet, trotz steigender Zahl an Patient*innen. Wir waren am Limit und haben die Patient*innen wie am Fließband abgefertigt.“

Am Freitag, an dem der Lockdown angekündigt wurde, wurde die Belegschaft von zwei Ärzt*innen über die neuen Vorgaben informiert. Der Lockdown veränderte den Umgang mit den Patient*innen. Für März und April 2020 wurden alle Termine abgesagt, nur Kinder mit Notfällen kamen ins Krankenhaus. Für diese Zeit wurde die Belegschaft aufgefordert, Alturlaube zu nehmen und Überstunden abzubauen.

„Ich verbrachte ganze Tage mit meinen Söhnen. Es war eine sehr schöne Zeit, obwohl wir nicht wegfahren konnten“, erzählt Lisa. Die Ärzt*innen und das Pflegepersonal waren in diesen zwei Monaten damit beschäftigt, alle Erziehungsberechtigten anzurufen, um Terminänderungen vorzunehmen. Operationen – manche waren seit Jahren ausgemacht – und Kontrollen wurden von einem Tag auf den anderen verschoben. Patient*innen, die im März hätten kommen sollen, wurde ein Termin im September gegeben, und die vom September wurden auf Oktober verschoben. Doch viele Eltern riefen auch an, um sich bezüglich Corona zu informieren, da ihre Kinder zur Risikogruppe gehören. Andere ließen sich Rezepte zuschicken. Auch da gab es ein Umdenken. „Früher kamen Eltern ohne Termin zu uns, standen am Schalter und wollten zum Arzt oder zur Ärztin, weil ihr Kind Fieber hatte, anstatt zur Kinderärztin zu gehen. Durch Corona können nur angemeldete Personen zu uns.“

In der Abteilung musste viel umstrukturiert werden. So wurde beschlossen, dass die Ärzt*innen wenn möglich Tele-Visite machen, um über die Patient*innen auf dem Laufenden zu bleiben. Lisa und ihre Kolleg*innen suchten die Dokumente zusammen und notierten, was als Nächstes geschehen muss. Langsam wurde der Betrieb hochgefahren, und es wurden immer mehr Patient*innen empfangen – unter Beachtung der Auflagen. Im ganzen Krankenhaus mussten alle, auch Kinder ab sechs Jahren, einen Mund-Nasen-Schutz tragen. Außerdem müssen Kinder und Eltern einen negativen Coronatest vorweisen.

„Ende Mai 2020 fühlte es sich wie Normalbetrieb an“, sagt Lisa. Im Stundentakt haben die vier bis fünf Ärzt*innen ihre Patient*innengespräche geführt. „An einem normalen Arbeitstag wurden ungefähr 40 bis 50 Patient*innen empfangen“, erzählt Lisa. „Heute waren 40 Kinder da, obwohl wir weniger Kinder herbitten als vor Corona. Sechs davon habe ich Blut abnehmen müssen, weil sie Transplantationen bekommen. Aber es war kaum Zeit, mit der Begleitperson näher über den Prozess zu sprechen.“ Durch den strengen Zeitplan muss das Personal extrem effizient und zeitsparend arbeiten. „Wir haben keine Zeit, den Leuten nahezukommen, uns mit den Fragen der Eltern zu den OPs ausreichend auseinanderzusetzen, um ihnen die Sorge und Angst komplett zu nehmen“, erklärt Lisa. Manche Eltern können nicht ausreichend Deutsch oder verstehen die Vorgänge der Operation nicht ganz.

Was Lisa zusätzlich belastet, ist das Wohlergehen ihrer Söhne. Alle drei sind meist im Distance Learning. Während der jüngste durch ihre Unterstützung in der Schule mithalten kann, leiden die Schulleistungen der anderen beiden in der Oberstufe. „Ich versuche sowohl in der Arbeit 100 Prozent zu geben als auch zu Hause. Ich bin die Letzte, die will, dass die Kinder unter dieser Pandemie leiden.“ Sie richtet sich ihre Maske und fügt leise hinzu: „Ich fühle mich schlecht, dass ich meinen Söhnen nicht helfen kann.“ Der älteste Sohn offenbart ihr, dass er Angst um sie habe. Wenn ihr etwas zustoßen würde, wären die drei Kinder ganz allein. „Ich bin die Einzige im Haus, die Geld verdient, und ich muss es irgendwie aufrechterhalten“, sagt sie.

Obwohl diese Pandemie auf Lisas Leben Auswirkungen hat, sieht sie diese als Chance. „Vielleicht musste so etwas geschehen, damit dieses System durchbrochen wird und etwas anderes, Besseres kommt. Wir waren eingefahren in unserem Denken und Handeln. Keiner hat hinterfragt“, sagt sie. „Egal ob es der neue Blick auf den Gesundheitsbereich oder das Schulsystem ist: Es braucht Entlastung und mehr Personal, damit die Menschen wieder zueinanderfinden.“

Lisa führt mich hinaus, dreht sich um und bleibt stehen. „Die Gesellschaft zum Beispiel ist durch die Pandemie auf unsere Arbeit aufmerksam geworden. Ich habe mich gefreut, als die Leute für uns geklatscht haben, aber ich hoffe, sie vergessen nach der Pandemie nicht auf uns.“ Ich verabschiede mich, meine Tante bedankt sich ebenfalls bei Lisa für ihre Bereitschaft zum Gespräch, und begleitet mich zum Ausgang. Draußen nehme ich meine Maske ab, nach zwei Stunden bin ich darunter ganz verschwitzt. Ein Gedanke blitzt auf: Ob Lisa und ich einander wohl ohne Maske auf der Straße erkennen würden?

„Ich habe mich gefreut, als die Leute für uns geklatscht haben, aber ich hoffe, sie vergessen nach der Pandemie nicht auf uns."

NACHWORT

Barbara Blaha – Autorin, Gründerin des Politkongresses Momentum

Grüße aus dem Maschinenraum

Vor dem Virus sind wir alle gleich, war ein Satz, den man in den ersten Tagen des Lockdowns häufiger hörte. In der FAZ wurde er sogar niedergeschrieben, wenn auch ein „fast" nachgerückt wurde. „Es befällt Fürsten und Fernfahrer, Profisportler und Kita-Kräfte – und es zwingt uns alle, daheim zu bleiben", stand da, und dieser Satz allein zeigt, dass die Realität der wenigen nichts mit der Welt der allermeisten zu tun hat. Wir sitzen vielleicht im selben Boot. Aber eine Handvoll genießt die Fahrt auf dem Sonnendeck, während die überwältigende Mehrheit im Maschinenraum schuftet.

Corona zwang eben nicht „alle, daheim zu bleiben". Während manche im monatelangen Homeoffice vergleichsweise gut geschützt durch pandemische Zeiten kamen, gingen hunderttausende Menschen – Virus hin oder her – jeden Morgen, jeden Abend hinaus an den Arbeitsplatz: damit die Milch im Regal trotzdem frisch, die Stromversorgung trotzdem sichergestellt, der OP-Saal trotzdem sauber war.

Jede und jeder Einzelne von ihnen war eine*r von denen, auf die es ankommt, wenn es richtig ernst wird. Sie waren es, die den Laden, die das Land am Laufen gehalten haben. Investmentbanker, Anlageberater, Unternehmensberater – sie haben zur Bewältigung der Krise nichts beigetragen.

In Großbritannien haben Ökonom*innen einmal berechnet, welche Jobs den größten gesellschaftlichen Mehrwert haben. Welche Arbeit trägt zur Gemeinschaft bei? Welche schadet dem Wohle aller eher? Das – damals – überraschende Ergebnis: Der wichtigste Job für die Gemeinschaft ist die Reinigungskraft, die das Spital sauber hält. Das negativste Resultat haben die Forscher*innen für Steuerberater*innen errechnet: Dank ihrer Kenntnisse gehen für jeden Euro, den sie verdienen, rund 50 Euro für die Gesellschaft verloren.

Die Elite ist unten

Die Pandemie hat uns diesen Skandal überdeutlich vor Augen geführt: Die wahren Leistungsträger*innen sitzen unten. Unterbezahlt und im Regelfall unsichtbar. Der Autor und Anthropologe David Graeber hat den Skandal in eine einfache Formel gegossen: „Grundsätzlich gilt die Regel: Je nützlicher ein Job, desto schlechter ist er bezahlt." Das hat sich auch durch die Krise bisher nicht verändert: Wer systemrelevant ist, ist in den allermeisten Fällen schlecht bezahlt, überdurchschnittlich belastet, psychisch wie physisch, und – weiblich. Sieben von zehn Supermarktangestellten sind Frauen, neun von zehn Beschäftigten in Betreuungsberufen wie Altenpflege oder Elementarpädagogik sind weiblich, auch im Gesundheitsbereich sind 80 Prozent der Angestellten Frauen. Allen Berufen gemein ist, dass sie mit einer hohen Arbeitsbelastung einhergehen und gleichzeitig unterdurchschnittlich bezahlt werden. So haben sieben von zehn Beschäftigten in frauentypischen systemrelevanten Berufen ein Nettoeinkommen von unter 1.800 Euro (inklusive aller staatlichen Beihilfen). Jede zehnte hat sogar weniger als 900 Euro pro Monat zur Verfügung.

Wie fordernd die Berufe sind, auf die wir alle angewiesen sind, zeigt sich eindrücklich im Pflegeberuf. Jede*r zweite Arbeitnehmer*in in der Pflege empfindet seine/ihre Arbeit als psychisch belastend, in anderen Berufen sagt das nur eine*r von zehn. Zwei von drei Beschäftigten in der Pflege glauben nicht daran, dass sie ihren Job bis zum regulären Pensionsantritt durchhalten werden können.

Frauenarbeit ist unsichtbar

In einer lesenswerten Analyse in der *Zeit* war zu lesen, dass paradoxerweise in der Unverzichtbarkeit dieser grundlegenden Arbeiten der Schlüssel für die fehlende Anerkennung liegt. „Die Arbeit, die Frauen leisten, ist so grundlegend, dass man sie nicht wahrnimmt. Die Böden wischen im Krankenhaus, Äpfelchen für Kita-Kinder schneiden, den Alten die Füße waschen – was soll daran besonders sein? Bricht nicht gerade eine Pandemie aus, erscheint es als selbstverständlich, dass diese Dinge erledigt sind. […] Zumal viele der Tätigkeiten denen ähneln, die Frauen zu Hause auch unbezahlt und scheinbar nebenbei erledigen: putzen, kochen, waschen, spülen, kümmern, sorgen, pflegen."

Scheinbar nebenbei erledigten Frauen auch im Lockdown neben ihrer Erwerbsarbeit vieles andere: Sie putzten, sie kochten, sie wuschen, sie lernten, sie halfen beim Distance Learning, ach was, sie übernahmen das Distance Learning, sprangen ein, wo Pflegekräfte wegen geschlossener Grenzen ausfielen. Sie hatten nicht nur ein Vielfaches an Arbeit, sie zahlen lebenslang einen Preis dafür: Die Wochenarbeitszeit von Müttern sank zwischen März 2020 und März 2021 im Durchschnitt um 22 Prozent bzw. rund 6 Stunden, wenn die Schulen geschlossen waren. Im Gegensatz dazu veränderten Väter ihre Arbeitszeit wegen der Schulschließungen nicht. Wer Arbeitszeit reduziert, hat weniger Einkommen, geringere Aufstiegschancen und büßt Pensionshöhe ein. Das Corona-Jahr hat Mütter allein wegen ihrer reduzierten Erwerbsarbeitszeit mehr als eine Milliarde Euro an Einkommen gekostet.

Wer unten war, rutscht weiter ab

Die Pandemie hat sich schnell von einer Gesundheitskrise zur größten Krise am Arbeitsmarkt ausgewachsen, die wir in der Republik je hatten. Auch hier waren die Risiken nicht gleich verteilt. Wer vor der Krise viel verdient hat, hat von der Krise nicht viel mitbekommen. Für Menschen, die wenig Geld verdient haben, ist die Lage am Arbeitsmarkt jedoch dramatisch geworden. Ganz oben, bei den bestverdienenden 10 bis 20 Prozent, wurde weniger als einer von hundert Menschen arbeitslos. Bei Menschen mit niedrigen Einkommen hat kurz nach Beginn der Krise beinahe jede zehnte Person ihren Job verloren. Ihr Risiko, arbeitslos zu werden, war um das 17-Fache höher als das der Bestverdienenden.

Von der Corona-Arbeitslosigkeit besonders stark betroffen sind Frauen, jüngere Menschen und Personen ohne österreichische Staatsbürgerschaft. Das überrascht nicht, sind das doch genau jene Gruppen, die ohnehin verstärkt in den unteren Einkommenszehnteln zu finden sind.

Wer seinen Job nicht verlor, wurde oftmals in Kurzarbeit geschickt. Auch hiervon sind Personen mit geringen Einkommen viel häufiger betroffen als gut verdienende Beschäftigte. Ende April 2020 schlug die Corona-Krise gerade voll am Arbeitsmarkt ein. Fast die Hälfte aller Personen der unteren

Einkommensgruppen war von der Krise betroffen und in Kurzarbeit. Im obersten Zehntel war es nur eine von sechs Personen.

Unternehmensgewinne gut abgesichert

Ein ähnliches Bild zeichnet ein Blick auf die Verteilung der Corona-Hilfsgelder. Mehr als die Hälfte des Krisengelds ging an Unternehmen. Bezahlt wird die Rechnung aber von den Arbeitnehmer*innen: Acht von zehn Steuereuros kommen aus Einkommens- oder Konsumsteuern. Steuern auf Vermögen, Vermögenszuwächse und Unternehmensgewinne werden nicht einmal jeden zehnten Euro der Rechnung begleichen, obwohl die Privatvermögen der Unternehmer*innen im großen Stil durch Wirtschaftshilfen erhalten und Unternehmensinsolvenzen vermieden werden.

Dank der Staatshilfen spielt die Corona-Krise ganz oben gar keine Rolle. Wer auf ein Arbeitseinkommen gar nicht angewiesen ist, hat im Krisenjahr Bomben-Gewinne gemacht. An der Börse gibt es schlicht keine Krise. Ob in den USA, in Schweden, Frankreich, Deutschland, Italien oder Spanien: Weltweit gehen extrem Reiche mit einem deutlichen Plus aus der Krise heraus.

Durch die Krise haben uns die Systemerhalter*innen getragen. Und sie sind es auch, die – gemeinsam mit allen anderen Arbeitnehmer*innen – jenen Staatshaushalt finanzieren, der unzählige Unternehmen aufgefangen hat. Jetzt ist es an der Zeit, dass die Systemprofiteur*innen ihren Beitrag leisten: Vermögende, Erben, Spitzenverdiener*innen können sich ihren gerechten Beitrag wahrlich leisten. Der Applaus des Sonnendecks reicht für den Maschinenraum schon lange nicht mehr.

Danke an:
Alle Interviewpartner*innen für die Offenheit und das Vertrauen, mich an ihren Geschichten teilhaben zu lassen.

Alle weiteren Systemheld*innen da draußen für alles, was sie für diese Gesellschaft geben. Ihr seid unglaubliche Menschen.

Solmaz, İnci, Mirijam, Soma, Brigitte, Vina und Barbara für eure Begeisterung, das Projekt mit inspirierenden Texten zu bereichern.

Kira für die Unterstützung bei den Förderanträgen und dass du mich bei jeder Absage ermutigst, weiterzumachen.

Rasha für das Teilen deiner wertvollen Kontakte.

Clara, weil jedes Projekt mit deinen Illustrationen gleich cooler aussieht.

Tanja für das Grundvertrauen inkl. Arschtritte, wenn es notwendig war.

Familie und Freund*innen, die Interviewpartner*innen vermittelten und meine Höhen und Tiefen während des gesamten Prozesses begleiteten.

Clara Berlinski ist Illustratorin und Art-Direktorin,
Luna Al-Mousli ist Autorin und Grafikdesignerin („Eine Träne. Ein Lächeln" und „Als Oma, Gott und Britney sich im Wohnzimmer trafen"). Beide studierten an der Universität für angewandte Kunst in Wien und arbeiten seit vielen Jahren an gemeinsamen Projekten. Sie gestalteten u.a. Illustrationen für die „Islam in Österreich"-Ausstellung in der Schallaburg und veröffentlichten das Kinderbuch „Mondtraumsand" (Megaphon 2018).
claraberlinski.com
luniverse.xyz

MIX
Aus verantwortungsvollen Quellen
FSC® C014138
Product footprint
CO_2 Neutral
NC-CFM-015258
www.nepcon.net

Satz und Typografie: Luna Al-Mousli
Umschlaggestaltung und Illustrationen: Clara Berlinski
Druck: Finidr, s.r.o
Lektorat: Lucia Marjanovic
Gesamtherstellung: Leykam Buchverlag
www.leykamverlag.at

ISBN 978-3-7011-8199-5

Die Autorin und die Illustratorin wurden gefördert von RD Foundation.

RD Foundation Vienna
Research | Development | Human Rights
Gemeinnützige Privatstiftung

Klimaneutral gedruckt mit freundlicher Unterstützung durch das Land Niederösterreich, die Kulturabteilung der Stadt Wien und die Arbeiterkammer.

KULTUR NIEDERÖSTERREICH
Stadt Wien
AK WIEN